D1725345

Alt-Aachener Gärten

Bodo von Koppen

Alt-Aachener Gärten

Ein Streifzug durch die
Hausgärten und privaten Parks
einer alten Stadt

Verlag Dr. Rudolf Georgi · Aachen

Die „Aachener Gesellschaft für Gartenkultur seit 1882 e. V." hatte anläßlich ihres 100jährigen Bestehens beschlossen, eine Schrift über Aachener Gärten herauszugeben. Nach langjährigen Vorbereitungen liegt nun das Ergebnis vor.

Die Gesellschaft dankt allen, die durch bereitwillige Informationen die Abfassung des Buches gefördert oder seinen Druck unterstützt haben.

Bildernachweis:
Basilius Besler, Hortus Eystettensis, v. VI, 3, 4 (1613). Neudruck München 1964: Abb. S. 9; A. Duncker (Hsg.) Rheinlands Schlösser und Burgen. Berlin [1857—1883] Bd. I: Abb. S. 102; Ulrich Gatzmaga: Abb. S. 106, 107, 108, 109, 114/115; Bodo von Koppen: Abb. auf Umschlag, S. 8, 9, 12, 20, 28, 29, 32, 33, 34, 35, 40, 41, 43, 45, 50, 55, 57, 66, 73, 74, 77, 86, 87, 90, 91, 92, 100, 103, 104, 113, 117, 119, 121; Ann Münchow: Abb. S. 17; Walter J. Neumann: Abb. S. 24, 60, 61, 65, 89, 91, 101, 110, 111; Stadtarchiv Aachen: Abb. S. 10, 13, 21, 22, 23, 25, 31, 39, 48, 52, 53, 68, 71, 84, 93, 97.

Herzlich sei gedankt: Herrn Helmut A. Crous, der das Bild S. 70 aus seiner Aquensiensammlung überlassen hat, Herrn Erich Savelsbergh, der die auf S. 59 abgebildete Pflanze im Gelände gesucht und aufgenommen hat, Herrn Günther Sittel, Neuss, der das Bild S. 94 aus dem Archiv der Familie Fisenne zur Verfügung gestellt hat, der Firma Philips GmbH, die gestattet hat, daß die Aufnahme von S. 45 im Bodenhof-Park, der zum Bereich ihres Forschungslaboratoriums gehört, gemacht wurde.

© 1987 by Verlag Dr. Rudolf Georgi · Aachen.
Gesamtherstellung: Georgi GmbH, Aachen.
Printed in Germany.
ISBN 3-87248-049-9

Vergessene Gärten?

Das bunte Leben, das während der letzten Jahrhunderte in unserer Stadt pulsiert hat, ist in unzähligen Abhandlungen dargestellt worden.

Einzelheiten aus Geschichte, Kunst- und Kulturentfaltung, Wirtschaft und Alltagsleben wurden erkundet und beschrieben. Aber e i n Gebiet kam dabei zu kurz: der Garten. Wie sahen die Gärten vergangener Zeiten aus, wie entwickelte sich der Gartenbau in Aachen, gibt es über Aachener Gärtner Besonderes zu melden? In der Aachen-Literatur finden sich nur hie und da kurze Hinweise, aber kaum Zusammenstellungen. Liegt das daran, daß sich „Garten" auf den Nahtlinien der Kunst-, Kultur- und Wirtschaftsgeschichte sowie der Naturwissenschaften bewegt,

daß vielleicht sein Stellenwert zu gering eingeschätzt wurde, daß seine Werke soviel kurzlebiger und schneller vergessen sind als etwa steinerne Häuser? In den meisten Städten liegen die Verhältnisse ähnlich.

Brechen wir in Aachen das Schweigen über schöne alte Gärten, über ihre Entstehung und ihre Besitzer, über die Reste, die vielleicht noch vorhanden sind und nennen wir jedenfalls die Orte, an denen sie einst gegrünt und geblüht haben!
Eine vollständige Geschichte der Aachener Gärten soll hier nicht geschrieben werden, wir begnügen uns mit Beispielen aus den einzelnen Gartenepochen.

Aachener Gärten ...

Die alte Gartenzeit: der regelmäßige Garten

... aus tausend Jahren

Die neue Gartenzeit: der Landschaftsgarten

Frühester Gartenbau

Aachen darf eine der ersten Erwähnungen von Gärten auf deutschem Kulturgebiet für sich in Anspruch nehmen. Angilbert, Dichter am Hofe Karls des Großen, erwähnt in einem Gedicht die „lieblichen Gärten" in der Aachener Pfalz. Man vermutet, daß diese Gärten im Gelände des heutigen Klosterplatzes lagen[1]. Wir wissen nicht, wie sie aussahen, dürfen aber vermuten, daß sie in Form und Bepflanzung durch die römische Antike beeinflußt waren; denn die „karolingische Renaissance" bestimmte in jener Zeit viele Lebensgebiete.

Aachen entwickelte sich damals zu einer zentralen Stellung in der Verwaltung des Reichs, von hier aus gingen Impulse bis in weit entfernte Gebiete. In diesem Zusammenhang ist das „Capitulare de villis vel curtis imperii", die Verordnung über die Krongüter und Reichshöfe zu betrachten. Sie wurde um das Jahr 800 erlassen und regelte die Verwaltung der dem König gehörenden Güter bis in Einzelheiten. Im 70. Kapitel werden Pflanzen aufgezählt, die grundsätzlich anzubauen waren, 73 krautige Pflanzen und 16 Bäume. Es sind Pflanzen der gärtnerischen, also nicht der landwirtschaftlichen Sphäre: Gemüse, Heilkräuter, Würzpflanzen und Obstbäume. Schmuckpflanzen fehlen; Rose, Lilie und Iris sind zwar genannt, dienten aber damals vor allem der Heilkunde. Für den Gartenbau des Mittelalters galt dieses Capitulare als Vorbild, die Klöster richteten sich danach, sie gaben ihre Gartenpraxis an die Bevölkerung weiter — so nimmt man an, daß Anregungen des Capitulare in den Bauerngärten Mittel- und Nordeuropas bis in unsere Zeit nachgewirkt haben[2].

Für die große Aachener Karlsausstellung 1965[2a] wurde auch das Capitulare de villis dargestellt, indem die städtische Gartenverwaltung einen kleinen Kräutergarten hinter dem Rathaus anlegte und dort einige der in der Verordnung genannten Pflanzen zur Schau stellte. Auch heute noch wird dieses Gärtchen als Erinnerung an das älteste deutsche Gartenbau-Dokument unterhalten.

Blick vom Lammertz-Park in der Ludwigsallee auf die Stadt. — Näheres Seite 105

Rosa gallica, sie wurde schon in karolingischen Gärten kultiviert.

„Bauernrosen", Hybriden der Rosa gallica, wurden noch im vorigen Jahrhundert angepflanzt, z. B. im Garten des Hauses Aachen, Oppenhoffallee 20, erbaut 1888. Dort blüht die stark duftende Rose heute noch; von ihr wurde diese Aufnahme gemacht.

Die Reichsstadt Aachen — eine Gartenstadt

Aachen, ausgestattet mit dem Nimbus des Krönungsortes der deutschen Könige, entwickelte sich im Mittelalter zur Freien Reichsstadt, war also ein weitgehend selbständiges Staatswesen innerhalb des Reichs. Über ein halbes Jahrtausend hat dieser Zustand einer Stadtrepublik gewährt und sicherlich die Eigenart seiner Bewohner mitbestimmt. Aachen ist niemals Residenz eines Fürsten gewesen — also dürfen wir hier weder Schloßbauten noch repräsentative Kunstgärten aus frühen Zeiten erwarten, wie sie uns etwa in Würzburg, Kassel oder Heidelberg begegnen. Wenn der brabantische Ratssekretär Hubert Loyens im Jahre 1656 über Aachen sagt: „Es gibt hier vornehme und reiche Bürger, die allerdings mehr dem Handelsgott Merkur und den Handelsgeschäften als

dem Phöbus-Apoll, also den Künsten und den Wissenschaften zugeneigt sind"[3], so werden uns in dieser nüchternen Ära auch keine größeren Bauten bürgerlicher Gartenkunst oder botanische Sammlungen entgegentreten, wie etwa in Augsburg oder Nürnberg. Erst als im Barock der Drang nach Prachtentfaltung übermächtig wird, als sich beispielsweise der Bürgermeister in der Pose eines Fürsten malen läßt[4], erst dann beginnt sich Aachen mit vielen Beispielen einer feinsinnigen Gartenkunst zu schmücken. Bis dahin dürfte der Nutzgarten mit seinen nüchternen, rechteckigen Beeten die allgemeine Norm gewesen sein — wie sie es für das Anwesen des einfachen Bürgers weiterhin blieb[5].

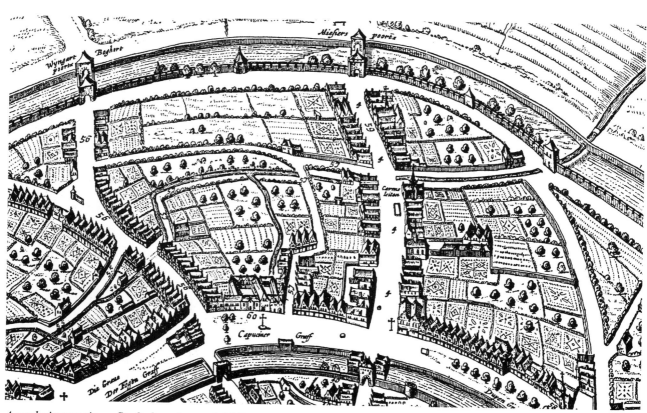

Ausschnitt aus einem Stadtplan, der nach 1649 entstanden war. In der Mitte die Franzstraße, oben das Marschiertor, unten der Kapuzinergraben. Man erkennt Nutzgärten und Ziergärten, Baumgärten und Wiesen.

Alte Stadtansichten bestätigen dies. Unser Bild zeigt einen Ausschnitt aus einer Vogelschau-Darstellung der Stadt um 1650, auf der wir Gärten, Baumgärten und Wiesen erkennen. Wenn auch die Einzelheiten schematisiert sind, so kann man doch die Nutzgarten-Signaturen als allgemeine Realität nehmen. Man entdeckt auch Signaturen, die auf Kunstgärten deuten — durchaus verständlich in der barocken Zeit!

Bis zur Mitte des vorigen Jahrhunderts unterschied sich Aachen von den meisten anderen Städten durch seine vielen unbebauten Flächen innerhalb der Stadtmauern. Wirkte anderenorts die Stadtmauer nach gewisser Zeit einengend, so daß die Bebauung auf Kosten größerer Gärten ging, so ergab sich für Aachen eine gartenfreundlichere Allgemeinsituation dank der großzügigen Anlage seiner Stadtmauern.

Um 1170 war eine erste Befestigung, bestehend aus Wall, Graben und Mauer, entstanden, an die heute der „Grabenring" noch erinnert.

Schon 150 Jahre später baute man einen zweiten Mauerring. Es sei dahingestellt, ob er wegen eines zeitweiligen Bevölkerungswachstums oder wegen Schwachstellen in der ersten Maueranlage, die sich bei Verteidigungen gezeigt hatten, nötig wurde. Er ist heute im „Alleenring" ungefähr noch zu verfolgen.

So ergaben sich eine Innenstadt im inneren Mauerring und eine Außenstadt zwischen den beiden Mauerringen oder, wie man sagte, erste und zweite Stadt, Altstadt und Neustadt. Die Stadt hatte sich damit eine „Baulandreserve" geschaffen, die 500 Jahre ausreichte! Während dieser Zeit war Aachen eine grüne Stadt voller Hausgärten, Baumgärten, Wiesen und sogar vereinzelten Feldern. Hierzu einige zeitgenössische Aussagen:

1704 bemerkte ein Schriftsteller, „man sät in Aachen wie in einem Dorfe"[6].

1762 „Ein großer Teil der Außenstadt besteht aus Gärten und Wiesen. Weder in der Außenstadt noch in der Innenstadt scheint die Bebauung so eng zu sein, daß die Luftzirkulation behindert wird. Viele Häuser haben Gärten; in der Neustadt liegen Gärten von beträchtlicher Größe, in denen eine solche Fülle von Gartenerzeugnissen wächst, wie man das sonst nur auf dem Lande findet. So hat man trotz städtischer Begrenzung den Eindruck auf dem Lande zu sein"[7].

1775 Anzeige in „Des Königl. Stuhls und Kayserl. Freyen Reichs Stadt Aachen Zeitung" vom 21. 1. 1775:
„Ein dahier in der Hinzen-Gassen gelegenes Haus, anhabend unten zur Erden zwey große Zimmern, Stallung für 5 Kühe, Item für 2 Schwein, drey besonders verschlossenen Söllern, Wasserpompe, großen Garten ohngefehr 2 und einen halben Morgen groß, steht zu vermiethen" (Hinzen-Gasse = Heinzenstraße)

1786 stellt der Stadtrat fest, daß wenigstens der dritte Teil der Stadt „in leeren Plätzen, Wiesen und Gärten" besteht[8].

Hierbei müssen wir uns vor Augen halten, daß Aachen wirtschaftlich keineswegs stagnierte, Produktion und Handel waren bedeutend; in der Barockzeit entwickelte sich die Stadt dank ihrer Heilquellen zum Bad der großen Welt Europas!

Die hier geschilderte Situation schließt nicht aus, daß es Straßen mit geschlossener Bebauung gab, in denen sich kleine Häuser auf schmalen Parzellen eng aneinander drängten. Das bedeutete jedoch ursprünglich noch kein ungesundes Wohnen, wie wir es aus dem vorigen Jahrhundert kennen.

H. Vogts meint in seinem Werk über das Bürgerhaus in der Rheinprovinz dazu: „Meist ist aber die Verbauung der Hofräume und hinteren Parzellenteile in den Altstädten erst eine Zutat des 19. Jahrhunderts, das damit auch erst den bedenklichen hygienischen Zustand geschaffen hat, den der Stadtkern heute zeigt: vorher lagen hier Grasplätze und Gärten, ein zusammenhängender offener, dem Getriebe entzogener Raum, der den Umwohnern nicht nur wirtschaftlich zustatten kam, sondern auch Luft, Licht, Sonne, Erholung gewährte"[9]. Diese Schilderung war für das alte Aachen in besonderem Maße zutreffend.

Alte Gärten heute. *Im Park von Haus Linde blühen die Schneeglöckchen. — Siehe Seite 105*
Wenn man Blumenzwiebeln verwildern läßt, ergeben sich im Laufe der Jahre reizvolle Bilder. Am Haus Linde folgen den Schneeglöckchen blaue Blütenmassen der Szilla.

Der schlichte Hausgarten

Von Gärten, wie sie der einfache Bürger hinter seinem Hause hatte, ist fast nichts überliefert; denn Pläne brauchte man dafür nicht — und wer hält schon Durchschnittliches im Bilde fest!

So ist es ein glücklicher Zufall, daß sich im Plan-Album des Stadtbaumeisters Mefferdatis (1677 bis 1748) der Plan eines Grundstückes erhalten hat, der für ein Bauvorhaben gezeichnet war und durch Darstellung gärtnerischer Elemente unser Interesse weckt[10].

Auf dem Grundstück lagen drei Nutzgärten verschiedener Funktion. Hinter dem Haus und dem Hof (A) befand sich ein „Asperges-Garten". Hier gedieh wahrscheinlich Spargel (B).

Der „Kohlgarten" schloß sich an. Unter dieser Bezeichnung verstand man in weiten Teilen Deutschlands den Gemüsegarten schlechthin, woraus sich wohl schließen läßt, daß damals Kohl das wichtigste Gemüse auf dem Speisezettel war — heute dürfte ihm der Salat diese Stellung streitig gemacht haben.

Anschließend folgte der Baumgarten: eine kleine Wiese mit Obstbäumen. Der „Bongart" war weit verbreitet — eine sinnvolle Einrichtung, da hier Baumschatten und Wurzeldruck keinen anderen Nutzpflanzen schadeten. Noch bis in die Zeit nach dem letzten Krieg konnte man ihn bei den Bauerngärten in der Umgebung Aachens in der Reihenfolge Haus-Garten-Bongart-Wiese feststellen. Auch in Straßen- und Eigennamen begegnet uns der Bongart.

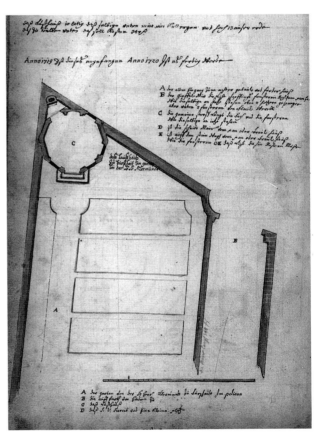

Garten der „Jungfer Cnops" in der Peterstraße.

Der Clermont'sche Garten in der Hauptstraße.

Auf dem Plan sind — umgerechnet — folgende Größen angegeben: für den Aspergesgarten ca. 280 qm, für den Kohlgarten 600 qm, für den Baumgarten 300 qm. Das Grundstück lag an der Peterstraße, dort wo heute die Blondelstraße abzweigt, etwa im Bereich des Hauses Blondelstraße 2. Eigentümerin: „Jungfer Cnops".

Ein anderer Plan von Mefferdatis gilt dem Gelände des noblen Hauses „Pelikan" in der Hauptstraße zu Burtscheid, Sitz der Tuchmacher-Familie Clermont. Dort hat Mefferdatis einen Pavillon an die Grundstücksgrenze gezeichnet, der Garten zwischen ihm und dem Haus ist in rechteckige Beete wie in einem schlichten Bürgergarten aufgeteilt (1719/20)[11].

So werden weitaus die meisten Gärten im alten Aachen zweckbedingt als Nutzgärten gestaltet worden sein, Blumen werden die Wege begleitet haben, wenn die Hausfrau, die den Garten pflegte, Freude daran hatte. Konnte man es sich leisten, auf den Anbau von Gemüse zu verzichten, so wurden die rechteckigen Beete ganz mit Zierpflanzen besetzt.

Hier sei auf eine Besonderheit hingewiesen:

Gärten in den Stadtgräben

Bürger, die am Haus keinen Garten hatten oder sich zusätzliches Gartenland wünschten, konnten Gärten in den Stadtgräben pachten. Besonders der Graben der ersten, inneren Befestigung war hierfür geeignet. Dieser „Mittelstadtgraben" vor der „Barbarossa-Mauer" war im allgemeinen 25 m breit, vor ihm zog sich der Wall hin. Später wurden auf dem Wallgelände die Grabenstraßen angelegt: Kapuziner-, Alexianer-, Löhergraben usw. Als der zweite, äußere Mauerring gebaut war, hatte der innere Ring nur noch sekundäre Bedeutung, der Graben diente als Gartenland oder als Schießstand. Sicherlich boten die Gräben gute Bedingungen für den Gartenbau, weil sich hier die Sonnenwärme fing, der Wind aber abgehalten wurde. Die Gräben waren trocken, nur an den tiefsten Stellen sammelte sich Wasser.

Beispiele:
1659 beantragte Graf Arnold von Geleen bei der Stadt die Pachtung des Mittelstadtgrabens hinter seinem projektierten Haus in der Jesuitenstraße (es handelt sich um das Grundstück des heutigen Gymnasiums St. Leonhard). Er betonte, daß er ein großes prächtiges Haus bauen wolle mit einem „Plaisierlichen Garten" im Stadtgraben, er möchte den Graben auf 100 Jahre pachten und ihn „zu einem fürtrefflichen Garten ausführen", wobei er auf dem Wall eine Mauer errichten möchte, damit „derselbige Garten auch von allem übersehen der passanten befreyet pleiben möge" — also ein Ziergarten, geschützt vor fremdem Einblick vom Wall-Weg, dem „Alexianergraben" aus. Der Rat genehmigte nur eine Pacht auf 50 Jahre, wobei er sich die Verwendung des Grabens für etwaige Verteidigungszwecke vorbehielt. [12]

Haus und Garten dürften prächtig ausgebaut worden sein; als 1668 in Aachen der Friede zur Beendigung des Krieges zwischen Frankreich und Spanien geschlossen wurde, stieg der spanische Unterhändler im gräflich Geleen'schen Haus ab. Später erwarb der Prinz von Ligne das große Anwesen; nun nannte man es „Prinzenhof" (die heutige Prinzenhofstraße erinnert noch daran). — Anzeige in der Aachen-Zeitung vom 14. 10. 1775: „Im Prinzenhof steht eine Wohnung zu vermieten. Dazu ein sehr großer freier Garten, gelegen im Mittel-Stadtgraben gegenüber den Alexianern, sehr dienlich für einen Gärtner." — In preußischer Zeit wurde aus dem Prinzenhof eine Infanteriekaserne und ein Landwehr-Zeughaus. Später entstand hier das Realgymnasium, nach dem letzten Krieg übersiedelte das Gymnasium St. Leonhard hierher.

Als man 1716 das Haus Friesheim, Bergdriesch Nr. 2 als Armenhaus einrichtete, wurden ihm Wiesen und Gärten zugeteilt mit „allerhand schöne Frutagen, Bäumen und Weinstöck". Die Grundstücke lagen u.a. im Stadtgraben zwischen Sandkaultor und Ponttor der äußeren Befestigung sowie im Graben zwischen Pontmitteltor und Königsmitteltor des inneren Mauerringes, entlang dem Driescher Gäßchen und dem Templergraben[13].

1775 wurde das Ponttor restauriert. Bürgermeisterdiener Janssen schrieb dazu in seiner Chronik*: „Auf

---

* Johannes Janssen, geboren in Maastricht um 1710, Bürgermeisterei-Diener in Aachen, notierte während seines Lebens „was von Jahr zu Jahr Merkwürdiges passiert ist, von Glück- und Unglücksfällen, auch was hier in benachbarte Länder sich zugetragen."
Eine kulturgeschichtliche Fundgrube! Wir zitieren seine Chronik buchstabengetreu, um seine Altaachener Sprache — Hochdeutsch mit „Streifen" Aachener Mundart nebst niederländischen Ausdrücken — wirken zu lassen.

jeder Seit vom Thor in die Eckschweifungen sind 2 artige Gartens angelegt mit gesnittene Dornen Hagen. Zur Rechten ist dem Secret. Couven, der andere nach dem Friesengraben zu ist vor dem Thorschreiber'[14]. Es handelt sich hier um den Architekten Jakob Couven, der im Eckhaus Holzgraben/Ursulinerstraße wohnte, also in einem Haus ohne Garten — verständlich, daß er sich am Stadtrand einen „Kleingarten" anlegte. Jakob Couven war Sekretär der Stadt und betätigte sich gleich seinem Vater Johann Joseph als Meister des Rokokostils. Er erbaute die „Neue Redoute" mit ihrem prachtvollen Ballsaal (heute Neue Galerie Sammlung Ludwig).

Ende des 18. Jahrhunderts baute der Gärtner Asselborn seine reichhaltige Gärtnerei im Stadtgraben auf.

Doch bereits im 18. Jahrhundert begann die Stadt Teile des Mittelstadtgrabens als Bauplätze zu verkaufen. Die Häuser wurden im Grabengelände errichtet und stießen oft an die Stadtmauer, wobei bisweilen ein kleiner Raum als Hof oder Gärtchen zwischen Haus und „Barbarossa-Mauer" frei blieb (z.B. heute noch Alexianergraben 18). In preußischer Zeit, also nach 1815, drängte die Regierung auf einen forcierten Verkauf der Grabenparzellen angesichts der katastrophalen Finanzlage der Stadt nach Abzug der Franzosen. Gleichzeitig stieg die Nachfrage nach Baugrund in der durch beginnende Industrialisierung wachsenden Stadt, so daß um die Mitte des vorigen Jahrhunderts der Mittelstadtgraben als grüner Ring verschwunden war.

Kunstgärten der Renaissance und des Barock

Der schlichte Hausgarten des Städters oder des Bauern war von frühen Zeiten an bis in unsere Tage in althergebrachter Weise gestaltet worden, wobei gärtnerische Zweckmäßigkeit und tief empfundene Symbolik wie Kreuz und Kreis den Ausschlag gaben. Neben diesen gleichsam „gewachsenen" Garten trat nach dem Mittelalter der Kunstgarten, der entsprechend dem ästhetischen Empfinden der jeweiligen Zeit von Architekten oder später von speziellen Gartengestaltern angelegt wurde. Für ihn begeisterten sich zunächst nur die gehobenen Stände.

So ist es verständlich, daß die Äbtissin des „kaiserlich freien und unmittelbaren Reichsstiftes Burtscheid" einen reizvollen kleinen Renaissance-Garten anlegen ließ. Er ist der älteste Kunstgarten im Aachener Raum, von dem wir Näheres wissen.

Der Garten der Burtscheider Äbtissin

Die Abtei Burtscheid war seit Beginn des 13. Jahrhunderts eine Niederlassung von Zisterzienser-Nonnen, ein adliges Damenstift, das in den Rang einer Reichsabtei aufgestiegen war und mit dem Ort Burtscheid sowie dem umliegenden Bauern- und Waldland einen souveränen Kleinstaat darstellte; die Äbtissin war Landesherrin*.

Der Gebäudekomplex der Abtei thronte auf dem felsigen Johannisberg hoch über dem Burtscheider Tal.

Unter den Äbtissinnen aus der Familie Raitz von Frentz wurde die Klosteranlage in den Formen der Maas-Renaissance so großzügig umgebaut, daß der zeitgenössische Chronist Noppius 1632 sagen konn-

---

* Sechs Jahrhunderte hat diese sogenannte „Herrlichkeit" dicht neben der freien Reichsstadt Aachen bestanden. In der französischen Zeit wurde sie aufgelöst, der Ort Burtscheid blieb aber weiter ein selbständiges Gemeinwesen, zunächst als Mairie, dann als Stadt Burtscheid, bis er 1897 mit Aachen vereinigt wurde.

te, die Äbtissin habe das Kloster „dermassen magnificenter hoch ausgeführt, daß es gar ein Fürstlich Ansehens trage." [15]

In jener Zeit dürfte auch der Garten der Äbtissin entstanden sein, ein „Lustgarten" zum Promenieren an landschaftlich eindrucksvoller Stelle auf der Höhe des Berges mit freiem Blick über das Burtscheider Tal.

Von diesem Garten können wir uns ein genaues Bild machen nach einem Aquarell, das zwar von ungeübter Hand, aber mit großer Sorgfalt und Zuverlässigkeit angefertigt ist und die baulichen Zusammenhänge der Abtei aus der Zeit nach dem erwähnten großen Umbau zeigt. Gottfried Chorus, ein Geistlicher, hat es im Jahre 1754 gemalt. Der hier wiedergegebene Ausschnitt zeigt oben die Kirche St. Johann, nebst dem Kloster, links davon den Garten der Äbtissin. Links im Tal das Häusergewirr des Ortes Burtscheid; von dort steigen die Felsen des Johannisbergs auf, sie tragen eine Mauer, die das Abteigebiet, die Immunität, begrenzt.

Hans Königs hat das Bild im Kloster Gottesthal in Belgien entdeckt und in der Zeitschrift des Aachener Geschichtsvereins beschrieben. Wir folgen seinen Feststellungen. [16]

Der Garten ist in streng formalem Stil gestaltet, ein Wegekreuz gliedert ihn, im Schnittpunkt der Wege ein Rondell. Die Parterre-Flächen haben abgerundete Ecken und sind mit kleinen Bäumen symmetrisch bepflanzt, teils sind es zypressenartige Bäume (geschnittener Taxus?), teils sind es Kugelbäumchen (geschorener Buchs?). Aus dem Talgrund ragt die Immunitätsmauer herauf, ihr entlang begrenzt ein heckenartiges Spalier den Garten. Dort, wo die Querachse, die vom Klosterportal über die Gartenpforte und das Rondell reicht, die Gartengrenze trifft, ist das Spalier unterbrochen, um den Blick über das Tal freizugeben; ein zierlich ausschwingender Bogen rahmt den Ausblick. Runde Ausschnitte im Spalier dürften ebenfalls Ausblicke gewährt haben. Die Gartenpforte trägt ein Walmdach. Die Größe des Gartens beträgt etwa 1300 qm.

Ein besonderer Schmuck des Gartens war ein Gartenhaus — oder war es eine Gartenkapelle? — hoch über dem Zugang zur Abtei auf einer Mauerecke gelegen. Es ist uns erhalten geblieben und bietet heute noch zwischen Abteitor und der Kirche St. Johann einen

überaus reizvollen Anblick. Seine Schmalseiten tragen hohe Wellgiebel, die Fenster liegen in einer vierteiligen Rundbogen-Arkade, geschmückt mit romanischen Zwergsäulen, die vielleicht von einem früheren Kirchenbau auf dem Johannisberg stammen [17]. Unter den Arkaden ist ein stark verwitterter Wappenstein eingemauert, er zeigt den Krummstab und das elterliche Allianzwappen der Äbtissin Anna Raitz von Frentz sowie ihren Wahlspruch „Soli Deo Gloria". Die Äbtissin regierte von 1616 bis 1639; in dieser Zeit entstand also das Gartenhaus. Der Garten selbst dürfte in zeitlichem Zusammenhang mit dem Neubau des Gebäudeflügels, der die Räume der Äbtissin enthielt (Ziffer 6 im Aquarell), angelegt worden sein. Dieses Gebäude war 1617 entstanden.

Der Rahmen der inzwischen vermauerten Gartenpforte ist noch vorhanden, nicht weit vom Gartenhaus hat er sich in der Gartenmauer erhalten. Er ist kein Rest der ursprünglichen Pforte, vielmehr deutet seine elegante Form auf eine Neuanlage in der Barockzeit hin. Tatsächlich läßt sich aus dem Keilstein das Baujahr 1758 und der Name der Äbtissin Maria Antonia von Woestenraedt entziffern. Daß es sich hier um den Zugang der Stiftsdamen zu ihrem Garten gehandelt hat, weiß der Volksmund bis heute: er spricht von der „Joffernpoetz"! [18]

Auf dem Aquarell erkennen wir oberhalb des Gartens das Gästehaus der Abtei. Von ihm führt eine Tür in den Garten, so daß die Gäste hier lustwandeln und den Ausblick genießen konnten. Der Garten diente also auch der Repräsentation — eine wichtige Funktion des Kunstgartens der Renaissance und des Barock!

Über die kunstgeschichtlichen Zusammenhänge bei der Gestaltung des Gartens wäre folgendes anzudeuten:

Das Wegekreuz mit dem Rondell verrät die Tradition des alten Bürger- und Bauerngartens, die Parterre-Flächen dienen jedoch nicht mehr dem Anbau von Nutzpflanzen, als Rasen, vermutlich mit Blumeneinfassung, sind sie in die ästhetische Sphäre gehoben. Geschnittene Büsche und Bäume sind Vorläufer jener monumentalen Heckenarchitektur, die im Barock ihren Höhepunkt erreichen sollte. Das grün-durchwachsene Spalier mit seinen Durchblicken war ein beliebtes Renaissance-Motiv. — Man hat die hier erwähnten Abteibauten der Maas-Renaissance zugeordnet, es liegt deshalb nahe, auch im Garten den nie-

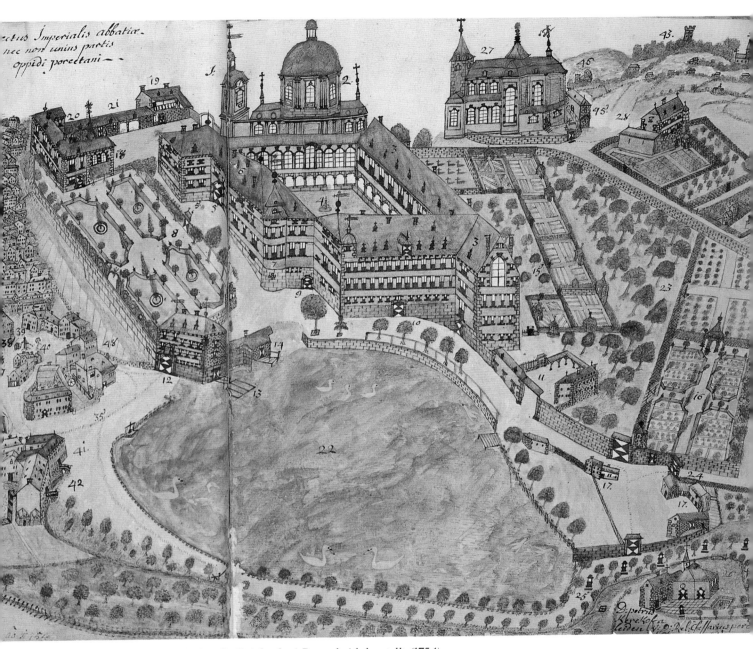

Ausschnitt aus einem Aquarell, das die Reichsabtei Burtscheid darstellt (1754).

derländischen Stil zu suchen. Tatsächlich finden wir verwandte Züge in den Gartendarstellungen des flämischen Architekturmalers Jan Vredeman de Vries. 1568 und 1583 ließ er Kupferstiche von Phantasie-Gärten erscheinen, die nicht auf fürstliche Verhältnisse abgestellt waren, sondern den kleinräumigen Garten in der Stadt widerspiegelten. Bezeichnend war dabei der Mittelbaum im Parterre und die Belebung durch beschnittene schlanke oder runde Kleinbäume. Die Gärten waren zum Promenieren und zu längerem Aufenthalt (z.B. in Pavillons) eingerichtet, während in Frankreich der Garten mit seiner Teppichwirkung oft nur als ein Bild zu wirken hatte, das aus den Schloßfenstern zu genießen war. Mit Vorliebe hat de Vries bei seinen Gartenentwürfen Treillagen (dekoratives Gitterwerk aus Holzlatten) verwandt, vielleicht ging das oben erwähnte Spalier über der Burtscheider Immunitätsmauer auf eine solche Anregung zurück[19].

De Vries's Stiche haben als Vorbilder in den Niederlanden gewirkt — warum nicht auch im Aachener Raum, dessen enge kulturelle Verbindung mit den westlichen Nachbarn auf so vielen Gebieten in Erscheinung getreten ist!

Das siegreiche Vordringen der französischen Revolutionstruppen 1794 hatte die Auflösung der Abtei zur Folge. Die Abteikirche wurde 1806 zur Pfarrkirche und das abteiliche Gästehaus 1813 zum Pfarrhaus umgewandelt; nun diente der einstige „hortus abbatissae" als Pfarrgarten. Diese Funktion ist ihm bis heute geblieben.

Das Gartenhaus brannte im letzten Krieg aus, wurde aber schon 1949 wiederhergestellt.

Die Nutzgärten der Abtei Burtscheid

Das Aquarell des Gottfried Chorus zeigt noch weitere Gartenanlagen, die offenbar Nutzgärten darstellen.

Gleich hinter den Abteigebäuden liegt ein kleiner Baumgarten, er wird von sechs Einzelgärten eingerahmt, die durch Hecken begrenzt sind. Alle diese Gärten haben das charakteristische Wegekreuz der Klosteranlagen, in jedem Garten steht eine Laube, jeder Garten ist also das Reich einer einzelnen Stiftsdame! Die Beete sind im Wechsel längs und quer abgeteilt, nur bei zwei Gärten erkennt man eine diagonale Unterteilung. Hinter diesen Gärten folgt ein großer Baumgarten. In ihm wurde alljährlich am Pfingstmontag die „Brunsfelder Prozession" empfangen, die mit mehreren hundert Pilgern aus der Eifel kam und nach einer Ruhepause in der Abtei zu den Heiligtümern im Aachener Münster weiterzog. Im schattigen Baumgarten wurden die Pilger mit Erbsen, Speck und Bier beköstigt. Als sich später viel Volk aus Aachen unter die Pilger mischte und das Gras und die Bäume des Bongart beschädigte, fand ab 1623 die Bewirtung vor der Abteikirche statt. An den Baumgarten schließt sich eine große Gartenanlage an, begrenzt von der hohen Umfassungsmauer des Abteibezirks. Die Anlage ist durch eine Hecke in zwei Teile geteilt, oben im Bild ein schlichter Garten mit Wegekreuz, vielleicht mit Beerenobst besetzt, unten eine üppigere Anlage, die Ähnlichkeit mit der Gartenpromenade auf dem Johannisberg hat, aber doch wohl ein Nutzgarten war[20]. Ein dekorativer Pavillon betont die Mitte des „magnus hortus", des Großen Gartens, wie ihn der Maler bezeichnet hat. Längs der Mauer verläuft eine Baumreihe von 140 m Länge.

Nach Auflösung der Abtei blieb das Gartenland erhalten, wurde also zunächst nicht bebaut. Als im östlichen Flügel der ehemaligen Abtei 1853 das Marienhospital entstand, wurde ihm das große Gartenland zugeteilt. Der ärztliche Revisionsbericht über das Krankenhaus meldete 1873: „Vor dem Hause ein mehrere Morgen großer Garten, zum Gemüsegarten benutzt, zur Baumzucht und zum Spazieren der Genesenden"[21]. 1882 wurde berichtet: „Die freie, schöne und gesunde Lage des Hospitalgebäudes und des dazugehörigen großen und angenehmen Gartens, verbunden mit der inneren, allen Anforderungen an ein solches Institut entsprechenden Einrichtung und der opferfreudigen wie aufmerksamen Bedienung durch die armen Schwestern vom heiligen Franziskus verfehlten nicht, auch den besseren Ständen bei vorkommenden Krankheitsfällen die Benutzung des Marienhospitals erwünscht und angenehm erscheinen zu lassen."[22]

Im Laufe der Zeit wuchs das Marienhospital mit seinen Neubauten immer weiter in den Garten hinein. Eine Vorstellung von der einstigen Größe des Gartenlandes erhält man, wenn man sich seine Begrenzung im Süden und Osten vorstellt, die heute durch Abteistraße, Viehhofstraße, Zeise und St. Johann markiert ist. Nur noch kleine Reste sind als grüne Freiräume übrig geblieben, so die Grünanlage im Eingangsbereich des Krankenhauses an der Zeise.

Barocke Hausgärten

In der Zeitspanne zwischen den Jahren 1700 und etwa 1780 war Europa fasziniert von den barocken Parkanlagen Frankreichs mit ihrer kunstvollen Geometrie, mit ihren schnurgeraden Wegen, Kanälen, Heckengängen, mit ihren prachtvoll verzierten Parterre-Beeten, die wie riesige Teppiche den Schloßbauten vorgelagert waren. Dieser „Französische Garten" war für deutsche Fürsten, aber bald auch — in verkleinertem Maßstab — für wohlhabende Bürger in der Stadt ein Wunschtraum. Auch im Aachen der spätbarocken Zeit, des Rokoko, ja sogar noch in den folgenden Jahrzehnten paßte der französische Garten so recht zur Stadtatmosphäre.

Vergegenwärtigt man sich das Aachener Stadtbild aus dieser Zeit, so scheint es, als ob über ihm ein Füllhorn architektonischer Kostbarkeiten ausgeschüttet war. Das sich nach Glanz und Herrlichkeit sehnende Zeitempfinden fand damals in Aachen günstige wirtschaftliche Grundlagen, fand vor allem hervorragende Architekten, wie Vater und Sohn Couven, sowie beste Kunsthandwerker. Der Kunsthistoriker Klapheck urteilt über jenes Aachen: „Als Jakob Couven im Jahre 1812 stirbt, muß die einstige freie Reichsstadt eine der vornehmsten Städte im nordwestlichen Deutschland gewesen sein. Am Niederrhein stand sie an erster Stelle. Das mittelalterliche Köln konnte mit der modernen Stadt keinen Vergleich wagen. Und auch Düsseldorf hatte damals in seinen Häusern keinen so hohen künstlerischen Reichtum wie Aachen."[23]

Bei der regen Bautätigkeit der damaligen Zeit mit ihrer Freude an repräsentativer Entfaltung und dem reichlich zur Verfügung stehenden Platz dürfte der Garten französischen Stils nicht zu kurz gekommen sein. Leider sind nur sehr wenige Bauten und bildliche Darstellungen aus jener Blütezeit der Gartenkunst erhalten. Hier folgen einige Beispiele.

Alte Gärten heute. *Im Waldteich spiegeln sich die Bäume. Romantische Stimmung im Park von Haus Diepenbenden. —*
Näheres Seite 105

Der Garten Pastor in der Borngasse

Eine frühe architektonische Anlage ist der Garten, den der Stadtbaumeister Mefferdatis für Arets Pastor in der Borngasse geplant hat.[24] Der Grundriß zeigt die „schwere Ernsthaftigkeit des barocken Klassizismus"[25], noch nicht die leichte Eleganz der Architekten Couven*, die Aachener Gärten nebst all ihrem reizvollen Zubehör in der späten, ausklingenden Barockzeit schufen.

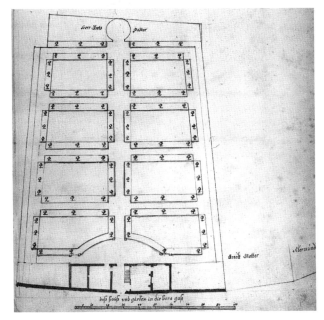

Plan zum Garten Pastor in der Borngasse.

Der Garten Loevenich

Wer vor dem letzten Krieg durch die Burtscheider Hauptstraße ging und sich an den vielen alten Häusern dieser einzigartigen Straße erfreute, dürfte mit besonderer Aufmerksamkeit das Haus „Zur großen Krone" betrachtet haben. Der breitangelegte Bau von mittelalterlichem Aussehen lag etwa in der Mitte der Straße, links, wenn man vom Markt kam. Trat man in diesem Haus durch die Diele in den Hof, so fühlte man sich in die Welt des Rokoko versetzt: man stand vor einem barocken Hinterhaus, das für die Tuchfabrikation errichtet worden war. Es war eine der ersten e c h t e n Fabriken in unserem Raum, wie sie auf Aachener Boden noch gar nicht möglich gewesen wäre, weil die Zunftordnung nur handwerkliche Kleinbetriebe erlaubte; hier in Burtscheid aber hatte die Äbtissin ihr kleines Reich bereits in die neue industrielle Phase der Wirtschaftsgeschichte eintreten lassen. Der Gang durch diese wirkliche „Barockfabrik" bot architektonische Überraschungen: eine großzügige Doppelfreitreppe mit schmiedeeisernem Gitter führte in die Fabrikationsräume, die Türen waren hübsch verziert. Man kam in einen zweiten Hof mit einer eleganten, ganz flachen Brunnenschale; über eine weitere Freitreppe stieg man hoch hinauf in den Garten. Er war in den Steilhang des Adlerbergs terrassenförmig eingelassen und erstreckte sich bis zur heutigen Klausenerstraße. Von der reichen ursprünglichen Ausstattung war schon in den 1930er Jahren nichts mehr zu sehen, das Gelände diente als Gemüsegarten. Nur Reste einer Allee ließen sich am Austrieb aus Baumstümpfen erkennen: riesige Blätter verrieten die einst so geschätzten holländischen Linden.[26]

Schöpfer dieser barocken Herrlichkeit war Bartholomäus von Loevenich (1722—1798). Die „Krone" war seit 1723 im Besitz der Familie, die Fabrik hatte

---

* Johann Joseph Couven (1701—1763) und sein Sohn Jakob Couven (1735—1812).

europäischen Rang: „Kronentücher" wurden bis in die Levante versandt, in Italien waren sie als „il vero Borcetto", als echtes Burtscheider Tuch gefragt.[27] Goethe bemerkt in seinen Lebenserinnerungen im Zusammenhang mit der Frankfurter Messe: „Mein Vater war selbst um die besten Tücher und Zeuge bemüht, indem er auf Messen von auswärtigen Handelsherren feine Ware bezog und sie in seinen Vorrat legte. Wie ich mich denn noch recht wohl erinnere, daß er die Herren von Loevenich von Aachen jederzeit besuchte und mich von meiner frühesten Jugend an mit diesen und anderen vorzüglichen Handelsherren bekannt machte."[28]

Vor 1914 hat Architekt Crumbach eine Rekonstruktions-Zeichnung von der barocken Gartenanlage gemacht, die hier wiedergegeben wird. Auf der höchsten Terrasse lag beherrschend ein chinesisches Teehaus. Es hatte zwei Geschosse, unten eine achteckige Säulenhalle, mit Muscheln und Wandbildern geschmückt, über ihr einen verglasten Aussichtspavillon mit Umgang, von dem man den herrlichen Blick auf die beiden Burtscheider Kirchen, das enge Tal und die weite Umgebung mit Feldern und Wäldern genießen konnte. Über dem Pavillon ein geschwungenes Zeltdach chinesischer Art; es heißt, auf seiner Spitze sei ein Affe dargestellt gewesen mit einem geöffneten Regenschirm. Große Figuren von Chinesen und Chinesinnen flankierten das Teehaus. Am Rosenbeet in der Mitte des Gartens standen vier Terrakotta-Vasen mit Darstellung der Jahreszeiten. Den vorderen Teil schmückten vier lebensgroße Standbilder antiker Göttinnen. Ein zweiter Pavillon lag hart am Abhang mit Fernblick über Burtscheid hinweg; an der Stützmauer ein Brunnen, darüber eine Statue des Merkur — für das Handelshaus Loevenich eine wichtige symbolische Darstellung, aber von der Burtscheider Bevölkerung als „Düvel" mißverstanden. Alleen aus geschorenen Linden dienten als Kulissen[29]. Vom Haus aus stieg man in den Garten über eine Freitreppe, oben öffnete man ein schmiedeeisernes Törchen mit beschwingt-zierlichen Rokoko-Ornamenten; nach beiden Seiten schloß sich ein Abschlußgitter an.[30] Dieser Garten dürfte zwischen 1770 und 1780 entstanden sein.

Rekonstruktionszeichnung des Loevenich'schen Gartens.

Bevor das „chinesische Haus" völlig zerfiel, wurde diese Aufnahme gemacht (vor 1914).

Weil sich Garten und Fabrik auf halber Höhe des Adlerberges hinzogen, war die Wasserversorgung schwierig, denn der am Fuße des Berges entlangfließende Kalte Bach war nicht erreichbar. Eine Tuchfabrik brauchte jedoch viel Wasser — und was wäre ein barocker Garten ohne Wasser gewesen! Die Fabrik besaß zwar die Wassergerechtsame „auf den Pütz", anscheinend eine Quelle, sowie Piscinen und Regenbecken, aber das war nicht ausreichend. So entschloß sich Loevenich, das Wasser einer hinter seinem Garten an der Neustraße gelegenen feuchten Wiese, genannt „Mühlenbend", auf sein Grundstück zu leiten. Er bat die Burtscheider Abtei, der die Wiese gehörte, um Erlaubnis und erhielt von der Äbtissin unter dem 6. 3. 1771 die Konzession, daß er im Mühlenbend „eine Vertiefung zu Sammlung des alldorten unter der Erden befindlichen, und das darauf wachsende Grass verderbenden Wassers mache und mit Mauern versehe, wovon dannen Er solches versammelte Wasser mit Röhren ... in seinen Garten zu seinem Nutzen und Vergnügen hinleite."[31] Die letzteren Worte bedeuten wohl, daß das Wasser für die Fabrik („Nutzen") und für den Garten („Vergnügen") genommen werden durfte. Der Zufluß aus der sumpfigen Wiese war sicherlich gering, wahrscheinlich wurde er zunächst in einem Teich gesammelt und nach Bedarf durch den Garten in die Fabrik geleitet. Noch vor dem letzten Krieg befand sich im obersten Teil des Gartens ein großes Wasserreservoir.

Im Ortsbild von Burtscheid trat der Loevenich'sche Garten beherrschend hervor. Auf dem Aquatintablatt von Cogels „Vue de Borcette" um 1810 ist im Hintergrund der Garten mit seinen Kugelbäumen und seinen beiden Pavillons deutlich zu sehen. Man erkennt auch einen dritten Pavillon, wobei es sich um ein Häuschen handeln dürfte, das nachweislich im Garten des Nachbarhauses „Im Bau" gestanden hat. Loevenich erwarb den „Bau" 1796, so daß die beiden stattlichsten Häuser der Hauptstraße „Kron" und „Bau" nun in seinem Besitz vereinigt waren — Höhepunkt seiner Lebenserfolge kurz vor seinem Tode.[29]

Der Garten der „Kron" galt als Sehenswürdigkeit, Führer für Aachen und Burtscheid empfahlen, „den Garten des Herrn Loevenich mit dem chinesischen Hause" zu besuchen.[32]

1840 ging das Anwesen in andere Hände über. Langsam verfiel der Garten, weil die neuen Eigentümer der Fabrik nicht mehr in der „Kron" wohnen wollten, sondern — dem Zug der Zeit folgend — in repräsentative Wohnviertel zogen. Den Garten überließ man Mitarbeitern der Fabrik als Gemüseland.

Das reizvolle Eingangstörchen des Gartens wurde späterhin von Tuchfabrikant August Kleinschmit der Stadt geschenkt, heute finden wir es im Museum der Burg Frankenberg oberhalb der Eingangstreppe eingebaut; das Gartenabschlußgitter ist untergegangen; die barocke Doppeltreppe des Innenhofes schmückt heute Haus Lüttgens in der Neustraße. Das stattliche Straßentor vom Haus „Im Bau" wurde 1951 als Abschluß des Domhofs eingebaut, es ist jedoch zum größten Teil seines schmiedeeisernen Schmucks beraubt[33]. Eine der oben genannten Terrakotta-Vasen mit Sockel wurde gerettet.

Im Zweiten Weltkrieg wurden die Häuser „Zur Krone" und „Im Bau" dem Erdboden gleich gemacht. Man hat sie nicht wieder aufgebaut, weil hier die Planung völlig andere Gegebenheiten schuf. Von den Gärten ist an Ort und Stelle nichts übriggeblieben. Das Gelände der „Krone" mit der Tuchfabrik im Hinterhaus ist heute zum Teil überbaut vom Rheumaforschungsinstitut. Der anschließende Garten reichte bis zur Einmündung der Klausenerstraße in die Benediktinerstraße.

23

Der Garten Kuhnen

Den schönsten Blick über das Burtscheider Tal und seine grüne Umgebung hatte man in früheren Zeiten vom „Küpperbend", einer Wiese an der heutigen Bend- und Jägerstraße. 1570 hat von hier aus Lukas van Valckenborgh sein treffliches Landschaftsbild mit allen Einzelheiten der Burtscheider Szenerie gemalt[34]. 200 Jahre später ließ sich ein unternehmungs- und baulustiger Mann vom Küpperbend faszinieren und legte hier einen großen, prachtvollen Garten an: der Kaufmann und Nadelfabrikant Johann Jakob Kuhnen. Er krönte mit diesem Garten seinen ausgedehnten Burtscheider Besitz. Sein Wohnhaus, genannt „Im oberen Klotz", lag an der Hauptstraße. Es war prächtig ausstaffiert mit gemalten Wandtapeten und Feuerkapellen (offene Kamine für Steinkohlenfeuerung) und hatte einen Hinterbau, dem sich ein kleiner Garten mit Ausgang auf den Küpperbend, ein Wagenschupf und Stall mit Wohnung anschlossen, dahinter lag der „große Garten"[35]. Dieser Garten dürfte auf einem Teil des „Küpperbends" und auf dem „Weingartsberg", dem zur Dammstraße hinunter reichenden Abhang, gelegen

haben, denn es wird berichtet: „Der Bergabhang war in einen terrassenförmigen Garten umgewandelt, der mit Springbrunnen und Statuen geziert war"[36]. Auf der Höhe, an der Ostgrenze des Gartens lag ein achteckiger Pavillon, den Jakob Couven 1778 errichtet hat. Durch ein elegantes Abschlußgitter[37] konnte man das Burtscheider Tal abwärts auf eine weite Strecke überblicken. Wie damals üblich, enthielt der Garten auch „Grottenwerk".

Glanzstück des Gartens war das Eingangstor an der unteren Bendstraße. Es ist uns erhalten geblieben und bildet ein Prunkstück des Suermondt-Ludwig-Museums. Wahrscheinlich hat Jakob Couven das Tor um 1770 entworfen. In der Bekrönung erkennt man die Wappen von Jakob Kuhnen und seiner Ehefrau Sara Catharina Prym. Museumsdirektor Kuetgens schrieb: „Stilistisch ist das Tor recht eigentümlich, zeigt es doch in dem reichen Sockelstreifen und in den pilasterartigen Seitenteilen noch Anklänge an das alte Laub- und

Dieses prachtvolle Tor war für Kuhnens Garten in der Bendstraße angefertigt worden. Heute steht es im Suermondt-Ludwig-Museum.

Bandelwerk der Régencezeit, in der Bekrönung und dem Feld unter der geschwungenen oberen Abschlußschiene alle Anzeichen des Rokoko, wie Blätter, Ranken, muschel- und netzartiges Gitterwerk mit Rosetten, während das Gestänge der Torflügel mit den Guirlanden der Zopf- und Louis-seize-Zeit behängt ist . . . Der bekrönende Aufsatz ist der reichste und schönste Teil des Portals. Die plastische Bildungsfähigkeit des Eisens ist hier aufs höchste entwickelt. Das spröde Material ist in zierliche Formen aufgelöst, ja selbst in zarte Blütenblätter verwandelt; der tote Stoff ist durch die künstlerischen Hände des Meisters zu reichem Leben auferweckt"[38].

Ein Brunnen im oberen Teil der Bendstraße lieferte für den Garten das Springbrunnen-Wasser[39]. Doch scheint es nicht ausgereicht zu haben; denn Kuhnen begann, einen neuen Zufluß anzulegen durch eine Aht*, einen Kanal, wie man in der Aachener Sprache sagt. Dazu notierte Bürgermeisterdiener Janssen 1775 in seinen Annalen: Ein Edikt ist „dem Kauffmann Coenen** insinuiert worden, weilen derselbe hat lassen die strass aufbrechen und ahten lassen machen, wie auch umb ein wasser springende fontein in seinem Garten zu haben, allein darum weil er das wasser auff aacher territor wolt herleiten in sein garten und das sonder Magistrat zu erkennen"[40]. Man muß vermuten, daß Kuhnen mit der Aht ein Fließwasser anzapfen wollte, dazu war eine sehr weite Entfernung zu überwinden. Oben am Anfang der Bendstraße verlief aber schon die Grenze des Aachener Reichs! Kuhnens Vorhaben zeugt also von beträchtlicher Dreistigkeit. Auf den Einspruch des Magistrates hin hat er zunächst die Arbeiten ruhen lassen, 1777 jedoch notiert Janssen: „Der Kaufmann Coenen fangt auch an, seine fontein fertig zu machen, welches von Magistrat ihm verboten war, was nun Magistrat darwider tentiren wil, wird man nun sehen."

Die Wasser-Affäre erledigte sich von selbst. 1779 notiert Janssen: „Der grossen Logen-meister von die Freimaurer Coenen ist falirt und von Bortscheid hinweg nach Vaels gezogen, und ist ihm alles verkauft worden, alle seine Raritäten, in Summa, da ligt nun alle große Anstalten sambt unmässige Kösten, ligt alles im Wilden. — Dem Coenen wird alle meubelen verkauft, sambt alle rare Muschelwerk, und gehet nach Vaels wohnen, allwo er ein Bauw hat machen lassen und einen großen Saal vor die Freimaurer"[41].

Der Pavillon, in dem wahrscheinlich das Burtscheider Glücksspiel stattgefunden hatte, kurz vor seinem Untergang gegen Ende des vorigen Jahrhunderts.

Kuhnen hatte sich finanziell übernommen — nicht zuletzt wohl mit seinen Bauten, so daß er mit seinen Gläubigern einen Vergleich schließen mußte, bei dem es um Verpflichtungen in Höhe von 122 000 Talern ging. Er verkaufte den Komplex in der Hauptstraße einschließlich des großen Gartens und zog nach Vaals, wo er bereits einige Jahre zuvor den „Neuen Bau" und den „Cereshof" errichtet hatte als Wohnhaus und Nadelfabrik nebst üppig ausstaffiertem Garten mit chinesischem Haus und großem Weiher[42].

Kuhnens Übersiedlung nach Vaals scheint lange Zeit geplant gewesen zu sein, wohl wegen besserer Lebens- und Wirtschaftsverhältnisse in den liberalen Niederlanden. Auch der bedeutende Kaufmann Clermont war von Aachen nach Vaals ausgewandert.

Kuhnen war schon etliche Jahre Logenmitglied gewesen und zu höheren Graden aufgestiegen. 1779 war er in der Aachener Loge „Zur Beständigkeit" aktiv tätig — im selben Jahr begann eine Freimaurer-Verfolgung auf Betreiben des Aachener Stadtrates, die in weiten Kreisen Europas Mißfallen erregte. Zwar wurde sie nach Intervention maßgeblicher Personen bald eingestellt, doch wich die Aachener Loge vorübergehend nach Vaals aus. Kuhnen hat hierbei wohl die wichtigste Rolle gespielt[43].

Bis zu seinem Tod hat Kuhnen in seinen Vaalser Besitzungen gelebt. Zeitgenossen schildern ihn als einen

---

* Aht oder Adot, wohl von lateinisch aquaeductus.
** Niederländische Schreibweise für Kuhnen.

charmanten Mann voll Schwung und Witz, als einen glänzenden Unterhalter. Seine geschäftlichen Beziehungen waren nach damaligen Begriffen weltweit[42]. Für den großen Garten auf dem Küpperbend in Burtscheid fand sich bald eine neue Verwendung. Die Äbtissin hatte ihrem Ort Burtscheid das Privileg „zur öffentlichen Betreibung der sogenannten Hazardspiele"[44] erteilt. 1780 hatte man den Spielbetrieb aufgenommen, und schon bald verlegte man ihn in den ehemals Kuhnen'schen Garten — ob in den oben erwähnten Pavillon oder in ein größeres Haus, das zum Garten gehört haben soll, ist nach den Berichten strittig[45]. Jedenfalls wurde der Garten aufs beste unterhalten, denn „alles war darauf angelegt, die fremden Badegäste nach Burtscheid zu ziehen und dort festzuhalten"[36]. Die 1794 einrückenden Franzosen verboten das Glücksspiel.

Später befand sich der alte Garten — oder ein Teil von ihm — im Besitz der Familie Püngeler, die in der Bendstraße oberhalb des Gartens wohnte[46]. Auf dem Rappard'schen Plan von 1860* ist sowohl der Garten eingezeichnet, als auch der Grundriß des Pavillons zu erkennen. Das prachtvolle Tor stand noch an Ort und Stelle. Später wurde der Garten in das Gelände der benachbarten Tuchfabrik Erckens einbezogen, und der Pavillon verfiel langsam (unser Bild). Bei dem Besitzwechsel überführte Peter Jacob Püngeler das Gittertor in sein Gut Paffenbroich im Vaalserquartier, wo es lange Jahre in einer Scheune lag, bis es in den 1890er Jahren am Parkeingang des Wohnhauses Paffenbroich aufgestellt wurde. 1930 machte die Familie Püngeler das Tor dem Suermondt-Museum[38] zum Geschenk.

Der Garten Deusner in der Pontstraße

Die mittlere Pontstraße bot sich im alten Aachen als eine reizvolle städtebauliche Komposition dar. Wenn man vom Markt kam, weitete sich die Straße hinter der Theresienkirche platzartig und ließ dadurch die stattlichen Häuser, die sich hier aneinanderreihten, voll zur Geltung kommen. Vermessungskondukteur Ahn hob in seinem Jahrbuch 1824 die „schönen Häuser und Gärten der Herren Deusner und Peltzer" hervor und meinte: „Unfreundlich würde das Ganze sein, wenn nicht Herr Deusner und Andere durch Anlegung prächtiger Häuser und Gärten es verschönert hätten. Freundlich nimmt sich hier das chinesische Gartenhaus des Herrn Deusner aus."[47]
Das Deusner'sche Anwesen lag gleich neben der Theresienkirche, es folgte das sehr bemerkenswerte Haus des Matthias Peltzer, später dem Bürgermeister Franz Edmund Emondts gehörig, dessen noble Fassade mit neun großen Reliefs römischer Kaiserportraits geschmückt war.[48]
Christian Quix** lobt an dieser Straßenstelle „drei geräumige und schöne Häuser mit Auffahrtstoren versehen, deren Gärten sich bis in die Eilfschorn-

steinstraße erstrecken und hier ebenfalls Eingänge und Tore haben"[49] — ein Beispiel für die weiten Freiräume, die im nördlichen Teil der ummauerten Stadt für Gärten zur Verfügung standen!
Christian Friedrich Deusner hatte 1756 als Sohn eines Pfarrers in einem badischen Dorf das Licht der Welt erblickt und sich später in Aachen als Tuchhändler niedergelassen; 1785 erhielt er vom Aachener Rat das Recht der „Beiwohnung." Als Protestant konnte er das Bürgerrecht nicht erwerben, sondern nur die „Beiwohnung"; mit ihr waren zwar keine politischen Rechte verbunden, auch nicht die Möglichkeit, einer Zunft beizutreten und Tuch zu produzieren, doch schützte die Beiwohnung vor etwaiger Ausweisung. Der Rat begünstigte auf diese Weise den Zuzug von

---

* Major von Rappard zeichnete einen Stadtplan von Aachen und Burtscheid mit äußerster Sorgfalt und ließ ihn erstmals im Jahre 1860 erscheinen. Auf diesem Plan ist eine Fülle von Details aus dem Aachen des vorigen Jahrhunderts zu erkennen.
** Christian Quix, geboren 1773 zu Hoensbroich in niederländisch Limburg, war bis zu seinem 50. Lebensjahr Lehrer in Aachen, dann Stadtbibliothekar. Seine wissenschaftlichen Geschichtsforschungen schlugen sich in zahlreichen Schriften über Aachen und sein Umfeld nieder, sie sind für den Lokalhistoriker von unschätzbarer Bedeutung. Quix starb 1844.

Großkaufleuten, um den Tuchabsatz zu beleben[50]. So dürfte sich Deusner schon als junger Mann im Handel profiliert haben, eine Erbschaft aus der Familie seiner Frau kam hinzu — in diesem Zusammenhang ist der Erwerb des sehr großen Anwesens in der Pontstraße verständlich.

1791 wird Deusner noch als Tuchkaufmann erwähnt[51], nach Einmarsch der Franzosen und Aufhebung der einengenden Zunftordnung konnte er selbständig mit der Tuchfabrikation beginnen; die Fabrik entstand hinter seinem Wohnhaus.

1807 erhielt er für seine „Casimirs" und sein „Drap de sérail" im Rahmen der von Napoleon gestifteten Auszeichnung für Unternehmer im Aachener Raum eine Medaille.[52]

Den von Ahn erwähnten chinesischen Pavillon hat Deusner wohl noch vor dem Jahr 1800 errichtet, als derartige Bauten in Aachen Mode waren. Vermutlich lag er am Ende des Gartens an der Eilfschornsteinstraße, da von der Pontstraße aus ein Einblick in den Garten kaum möglich war, nach Ahn aber das Gartenhaus allgemein sichtbar gewesen sein dürfte.

Im hohen Alter verkaufte Deusner sein Haus nebst „geräumigem Garten" an die Armen-Verwaltung, die ein Gebäude suchte, um die Waisenkinder dorthin zu verlegen. Deusner begnügte sich mit einem geringen Preis, um die Verlegung möglich zu machen.[53] 1844 starb er, im selben Jahr wurde sein Anwesen Waisenhaus. Später erwarb die Armenverwaltung auch das Nachbarhaus Emundts für ihre Zwecke.

Als diese beiden Häuser gegen Ende des Jahrhunderts abgerissen wurden, widmete ihnen der junge Architekt Josef Buchkremer, der spätere Dombaumeister, einen Nachruf: „In dem mittleren Teile der Pontstraße ist im Laufe des Jahres 1894 durch den Abbruch der oberhalb der Kirche . . . liegenden beiden Gebäude der Armenverwaltung ein altes Aachener Städtebild wesentlich geändert worden. Hier reihten sich noch eine große Anzahl älterer Bauten dicht zusammen, so daß die Straße, namentlich auch durch die frei geschwungenen Fluchtlinien und durch die Verengung derselben nach den beiden Enden zu ein zwar wenig modernes, aber für den Liebhaber und Kenner alter Städtebilder sehr anziehendes malerisches Bild bot."[54]

Die damals errichteten Neubauten wurden im Zweiten Weltkrieg zerstört. Die heutige Bebauung durch Institute der Technischen Hochschule läßt in ihrer kaum zu überbietenden Nüchternheit nichts mehr vom einstigen Reiz dieses Winkels ahnen. Es ist aber möglich, auf einem Fußweg von der Theresienkirche bis zur Eilfschornsteinstraße zu gehen, also die Tiefe des Deusner'schen Geländes mit ca. 160 Metern abzuschreiten und sich dabei einen Begriff von der Weite der ehemaligen Gärten in diesem Gebiet zu machen.

Alte Gärten heute. *Eine lange Sichtachse erschließt den Park von Haus Diepenbenden: Hier der Blick vom hochgelegenen Parkwald auf das Haus …*

… und hier der Blick vom Haus hinauf in den Wald. Die Sichtachse ist betont durch rotlaubige Bäume. Näheres auf Seite 105

Der Garten des Vogtes von Geyr

Eine der wichtigsten Personen auf den Gebieten der Politik und der Rechtsprechung im alten Aachen war der Vogt; er übte gleichzeitig das Amt des Meiers aus, weshalb er Vogtmeier oder Vogtmajor genannt wurde. Seit dem Mittelalter waren die Aachener Vogt- und Meierrechte im Besitz der Jülicher Herzöge, nach Erlöschen ihres Stammes gingen sie auf den Kurfürsten von der Pfalz über. Der Vogtmajor verwaltete diese Rechte, diese Schutzherrschaft, woraus sich allerdings oft Differenzen mit der Stadt, die auf ihre Souveränität als Freie Reichsstadt bedacht war, ergaben.

Der letzte Vogt der reichsstädtischen Zeit war Freiherr Rudolf Constans von Geyr zu Schweppenburg. Sein Haus lag an der Adalbertstraße an der Einmündung der heutigen Blondelstraße[55].

Der Garten dieses Hauses war sehr groß, er grenzte an die Gärten der Peterstraße und nahm Teile der heutigen Blondel- und Promenadenstraße sowie das Gelände des Kaufhauses C & A ein. Der Ponell-Bach begrenzte ihn im Osten. Er dürfte eine Fläche von etwa 4000 qm bedeckt haben[56]. Wir werden auf den Geyr'schen Garten aufmerksam durch einen Brief, den der Philosoph und Dichter Johann Gottfried Herder von Aachen aus, wo er seine Gicht kurierte, an den Philosophen Friedrich Heinrich Jacobi in Düsseldorf schrieb[57]. Er meldete ihm am 2. 8. 1792, daß es ihm schon etwas besser ginge: „Montag versuchten wir schon den ersten Spaziergang, er gelangte bis in den Geyr'schen Garten." Das war nicht weit, denn Herder wohnte im Corneliusbad an der Komphausbadstraße und wird wohl durch die alte Felsgasse (Steinstraße)

geradewegs ins Geyr'sche Anwesen gelangt sein. In den folgenden Tagen wagte er sich weiter fort und schrieb an Jacobi: „Mein lahmes Bein ist nach Ende der Promenade beweglicher", und heiter reimte er
„Vielleicht ist dies der Morgen,
Der meinen Aachner Sorgen
Ein fröhlich Ende bringt."
Herder scheint zum Vogtmajor von Geyr keine persönlichen Beziehungen gehabt zu haben, da er ihn in seinen Briefen aus Aachen nicht weiter erwähnt. So ist anzunehmen, daß der Garten üblicherweise einzelnen Kurgästen zum Promenieren freigegeben wurde, denn es gab in Aachen noch keinen Kurgarten.

Im Sommer 1780 war der schwedische König Gustav III. nach Aachen gekommen, um wegen eines Brustleidens die Kur zu gebrauchen. Leider war er enttäuscht und schrieb: „Der hiesige Aufenthalt ist nicht gerade angenehm. Man lustwandelt nur auf Straßenpflaster und das Schauspiel ist erbärmlich." Schon nach neun Tagen reiste er ab. Als er im Juni 1791 wiederum Aachen besuchte, traf er es besser. Er logierte nicht in einem Badehaus, wie bei seinem ersten Besuch, sondern beim Vogtmajor von Geyr. Wurde diese Unterkunft wegen des Gartens gewählt, um ihm das Promenieren auf Straßenpflaster zu ersparen? Wir wissen es nicht. Jedenfalls brauchte der König die Bade- und Trinkkur sechs Wochen lang und äußerte sich zufriedenstellend darüber[58].

Als die Franzosen 1794 einrückten, emigrierte von Geyr. Im „Vogtmajorshaus" wurden bis 1808 Waisenkinder untergebracht, dann verfiel es[59].

Die Gartenanlagen von Schloß Kalkofen

Die bedeutendste Aachener Gartenschöpfung in barocker Zeit war der Park von Schloß Kalkofen. Von ihm ließe sich mehr berichten, als der Rahmen unseres Überblicks zuläßt, deshalb folgen hier nur einige Hinweise.

Zwischen Aachen und Haaren liegt auf einer leichten Bodenschwelle über dem Wurmbach der Gutshof Kalkofen. Ursprünglich war er mit Wassergräben und Türmen ringsum befestigt und besaß für die Stadtgeschichte sogar militärische Bedeutung. Der Hof gedieh zu einem Glanzstück barocker Bauentfaltung, als er 1749 in die Hände des Aachener Tuchfabrikanten und Bürgermeisters Johann von Wespien gelangte, der den Architekten Johann Joseph Couven beauftragte, das alte Gemäuer in ein kleines Schloß zu verwandeln und damit eine Sommerresidenz zu schaffen als Gegenstück zur prachtvollen Stadtwohnung Ecke Kleinmarschier- und Elisabethstraße, dem „Wespienhaus"[60].

Bei Kalkofen erwies sich Couven auch als Meister der Gartengestaltung. Der Zeit entsprechend — bald nach 1750 — entstand der Garten in französischem Stil.

Unser Bild läßt den Reiz dieser weiten, in die Aachener Landschaft harmonisch eingebetteten Anlage ahnen.

Später ging Kalkofen auf den Tuchfabrikanten Claus über (1792). Er starb schon bald, seine Witwe konnte sich jedoch während vieler Jahre mit großem Eifer dem Park widmen. Sie beschaffte seltene, kostbare Gewächse für die Orangerie des Schlosses, sie unterhielt die französischen Anlagen, sie führte aber auch schon Erweiterungen im aufkommenden englischen Landschaftsstil durch. In einem 1808 erschienenen Buch über Aachen wurde Kalkofen als Ausflugsziel wie folgt erwähnt: „Dieser gewaltige Besitz umfaßt einen sehr schönen Garten, große Obstplantagen, mehrere Teiche, Wiesen, Äcker und eine sehr hübsche Pappelanpflanzung."[61] Kein Wunder, daß höchste Herrschaften Schloß und Garten besichtigen kamen, wie Napoleon mit seiner Gemahlin Josephine! Nach dem Tod der Witwe Claus kam das Schloßgut in die Hände der Familie Zurhelle (1836), die es in der fünften Generation heute noch besitzt. Kalkofen erlangte im vorigen Jahrhundert den Status eines Ritter-

Der Französische Garten von Schloß Kalkofen. Aquarell von Caspar Wolff 1780.

gutes, es umfaßte zusammen mit den eingegliederten Höfen Elf Jecken und Rott 570 Morgen.

Im Zweiten Weltkrieg richteten die Bomben schwere Zerstörungen an, und in der Nachkriegszeit schrumpfte der Besitz durch Straßenbauten und Besiedlungen stark zusammen.

Der französische Garten ging im Krieg fast völlig unter; Postamente, auf denen Gartenfiguren gestanden hatten, und Reste von Laubengängen aus Hainbuche erinnern an barocke Eleganz. Eine Wiederherstellung dieser Anlage wäre möglich. Von den englischen Parkpartien sind schöne Baumbestände übrig geblieben. Eine alte Lindenallee erinnert an die großzügigen Planungen vergangener Zeiten; sie war so angelegt, daß sie vom Schloßhof in Richtung des Dorfes Haaren lief und den Blick in das damals reizvolle Wurmtal lenkte — „diese Gegend und Tal sind sehr schön, wie ein Englischer Garten" hatte im Jahre 1818 der für die gärtnerischen und landschaftlichen Schönheiten Europas in besonderem Maße aufgeschlossene Kaiser Franz I. von Österreich in sein Tagebuch notiert; er hatte die Allee durchschritten und an ihrem Ende ein „Bergl", gekrönt von einem „Tempel", bestiegen.[62] Deren Reste sind heute noch vorhanden, wie auch Teichanlagen und verwilderte Boskette. Immer noch ist das alte Wasserschloß von einem romantischen Zauber umgeben. Mit seinen Wiesen, die von einer stattlichen Rinderherde beweidet werden, bildet es eine willkommene Grüninsel im industrialisierten Norden der Stadt.

Abb. oben:
Das Tor zum ehemaligen Französischen Garten ist erhalten.

Abb. unten:
Zugang zum Schloß Kalkofen über den Wassergraben.

Abb. Seite 33:
Der Nuellens'sche Pavillon, heute im Burtscheider Kurgarten.

32

Pavillons, Freitreppen, Gartengitter des barocken Gartens

Diese Elemente standen in der Epoche des barocken regelmäßigen Gartens wahrscheinlich an vielen Stellen der Stadt. Ein „Lusthaus" bedeutete den höchsten Effekt in der Gestaltung eines Hausgartens, es war das intime Gegenstück zum Wohnhaus mit seinem repräsentativen Charakter. Niemals ist der Wunsch, sich im Garten ein kleines gemütliches Gebäude zu schaffen, größer gewesen als im 18. Jahrhundert.[63] Mit einem kunstvoll geschmiedeten Gitter ließ sich der Garten harmonisch begrenzen oder der Blick nach draußen gefällig rahmen. Das hügelige Gelände Aachens war dem Barockgarten günstig; denn durch die natürlichen Niveau-Unterschiede fast eines jeden Grundstücks ließen sich Freitreppen und Böschungsmauern mit Abschlußgittern zwanglos motivieren. — Von dem wenigen, das die Zeiten überdauert hat, seien einige Beispiele vorgestellt.

Der Nuellens'sche Pavillon

Der Kupfermeister und Weinhändler Gerlach Mauw errichtete 1667 auf dem Foggengraben (heute Friedrich-Wilhelm-Platz 6) einen Prachtbau. Später residierte hier der Tuchmacher Johann Heupgen. Er ließ im Hausgarten durch Johann Joseph Couven einen Pavillon mit einer Fassade aus Blaustein bauen, über der Tür die Wappen von Heupgen und seiner Frau, geborene von Meven. Die Wetterfahne verkündet heute das Baujahr 1750, doch dürfte die Entwurfs-Zeichnung Couvens, die noch erhalten ist um 1740 angefertigt sein, denn der Bau verrät die Formensprache der Régence.[66]

Dieser große Wohnkomplex mit Cour d'honneur war beispielhaft für die in Aachen mehrfach gebauten Wohnanlagen mit Hintergebäuden für gewerbliche Zwecke, eine Verbindung, wie sie für den Handwerksbetrieb der Tuchherstellung üblich war, die aber später im Industriezeitalter verlorenging.

Dies alles ist aus der Verkaufsanzeige des Anwesens in der „Kaiserl. Freien Reichsstadt Aachen Zeitung" vom 5. 1. 1780 herauszulesen: „Es wird hiermit bekannt gemacht, daß die auf hiesigem Foggen-Graben gelegene, dem Herrn Jakob Heupgen zuständig gewesene, für Herrschafte vom ersten Rang sowohl, als für Kaufleute sehr bequäme Behausung, darinn das Haupt-Gebäude drey große und zwey kleine Keller, zur Erde sieben, aufm ersten Stock eilf; das Hinter-Gebäude zur Erde vier, aufm ersten gleichfalls vier, aufm zweyten Stock eine große Tuch-Kammer und Nebenzimmer hat, welche durchgängig mit köstlich gemalten, von geblümten rothen Plüsch gemachten und anderen schönen Wand-Tapeten, auch Feuer-Kapellen und geschnitzten Täfelwerk ausstaffirt sind; darüber befinden sich zwey große Böden zu Wolle, einer zum Leinwand trocknen und einer zu Haber oder andere Früchten. Noch sind darin zwey große Wagen-Schüpf, Stallung für fünf Pferde, schöner Garten mit einem durchaus von blauen, fein geschnitzten Steinen aufgebautem Sommerhause, woran einerseits eine 120. Ehlen lange Stoch-Rahme*, andererseits das zur Schörer- und Presserei sehr bequäm eingerichtete Fabrick-Haus anstöst, zu verkaufen stehe; deswegen da zu Lusttragende sich bey . . . zu melden belieben."

Um 1840 erwarb Laurenz Nuellens das Anwesen und

* 120 Ellen langer Tuch-Rahmen zum Spannen und Trocknen der Tuchbahnen.

richtete hier ein Hotel ein, das lange Zeit „erstes Haus am Platze" war.[67] Als 1927 die Zeit des alt gewordenen „Nuellens Hotel" abgelaufen war, die Gebäude abgerissen wurden und der große Baukomplex „Haus Nuellens" entstand, schenkten die Eigentümer — Familie Dremel — der Stadt den Pavillon, er wurde im Garten des damaligen Couven-Museums am Seilgraben aufgestellt. Nach Verwüstung des Museums im Zweiten Weltkrieg kam der Pavillon, dessen Mauern erhalten geblieben waren, in den Burtscheider Kurgarten. Als später die Versorgungs-Kuranstalt im Kurgarten gebaut wurde, geriet er optisch ins Abseits — bedauerlich für ein Bauwerk, das an die Glanzzeit unserer Stadt erinnert.

Der Kersten'sche Pavillon

Johann Joseph Couven hatte bei der Planung für den Färbermeister Nicolaus Mantels auf dem Annuntiatenbach (Nr. 22—28) aus dem Vollen geschöpft: er zeichnete ein Haus mit einer Neun-Fenster-Front und für den Garten einen 2stöckigen Pavillon mit angrenzender 20 m langer Gitterwand, unterbrochen von einer eleganten Freitreppe, die ein Brünnchen umfaßte. Das Haus ist in dieser Form nie gebaut worden, aber wohl sind die Gartenbauten in ihrer üppigen Pracht fertig geworden (1740). Das Erdgeschoß des Pavillons war als Gartensaal nobel geschmückt: „Schön gearbeitete und reich mit Schnitzarbeiten verzierte Dop-

Der Kersten'sche Pavillon, heute steht er am Abhang des Lousbergs.

peltüren, hohes, fast bis zur Decke reichendes, mit Bildhauerarbeiten bedecktes Getäfel mit Rahmen zur Aufnahme von Gemälden, ebenfalls mit Schnitzarbeiten geschmückte Fensterläden, schöne Deckenstukkaturen und ein prachtvoller Marmorkamin."[64] Später kam das Anwesen in den Besitz des Wilhelm von Berg, der seine Initialen WvB und die Jahreszahl 1767 in das Gitter einsetzte.[65] Schließlich war die Familie Kersten Eigentümerin. 1906 kaufte die Stadt Aachen Pavillon nebst Gitterwerk, um die Anlage vor dem Untergang zu retten, und errichtete sie neu am Lousberg in Höhe des Belvedere. Auch die Vertäfelungen, der Stuck und der Kamin wurden übertragen. Bis zum Zweiten Weltkrieg war der Pavillon als Schaustück öffentlich zugänglich. Das Gebäude blieb im Krieg, wenn auch beschädigt, erhalten, aber die ausgelagerten Innenteile gingen zum Teil unter, ein geretteter Rest wurde im Couvenhaus am Hühnermarkt eingebaut (s. Museumsführer), 1954/56 setzte man den Pavillon instand, seitdem dient er als Wohnhaus.

Die Guaita'sche Gartentreppe

Im Kurpark an der Monheimsallee, hinter dem Spielbankgebäude, führt eine Rokoko-Treppenanlage ein einsames Dasein, losgelöst von intimen Garten- und Hofpartien, für die sie einst gebaut war.
Sie stammt aus dem Garten der Familie Guaita in der Rosstraße. Jakob Couven dürfte sie um 1780 entworfen haben. Das kunstvoll geschmiedete Ziergitter steht mit der zweiläufigen Treppe, die ein Brünnchen rahmt, in feiner Harmonie. Die Gitterbekrönung mit den Initialen des Corneille von Guaita kam in der Nachkriegszeit leider abhanden.
Die Familie von Guaita war aus Mailand eingewan-

Die Guaita'sche Gartentreppe führt heute ein kaum beachtetes Dasein im Kurpark an der Monheimsallee.

dert, Corneille Maria Paulus von Guaita, geboren 1766, war Nadelfabrikant. In der französischen Zeit bekleidete er den Posten des Maire der Stadt Aachen, anschließend in preußischer Zeit war er Oberbürgermeister. Er war Präsident der Handelskammer; 1821 starb er.
Als um 1905 die Guaita'schen Häuser in der Rosstraße abgerissen und hier eine Verbindungsstraße zum Löhergraben, die „Guaitastraße", geschaffen wurde, verlegte man die Treppe in den Kurpark. Eine Fotografie der Treppe am ursprünglichen Standort Rosstraße 46/48 ist uns glücklicherweise erhalten geblieben[68].

Chinoiserien

Als im 17. und 18. Jahrhundert Nachrichten über chinesische Kultur nach Europa kamen, lösten sie Entdeckerfreude aus. Man hatte gleichsam ein kleines Fenster aufgestoßen im europäischen Kulturbau, der vor fremden Einflüssen — Arabien! — sorgsam und kraftvoll behütet worden war. Als Auftakt der Chinamode hatte Ludwig XIV. sein Trianon de Porcelaine in Versailles „à la chinoise" ausgeschmückt. Reisende brachten immer neues Anschauungsmaterial nach Europa und erregten eine wahre China-Begeisterung[69]; Sie kam dem Streben des Rokoko nach Leichtigkeit in der Formgebung entgegen. „Die Lust an solchen chinesischen Anlagen in den Parks des 18. Jahrhunderts wurde so allgemein, daß man von den größeren französischen und deutschen Gärten dieser Zeit wohl kaum einen nennen könnte, der nicht mindestens einen chinesischen Pavillon besaß"[70].

Zeitgerecht entstehen Ende des 18. Jahrhunderts auch in Aachen chinesische Gartenhäuser, wie bereits an Beispielen gezeigt (Gärten Loevenich und Deusner). Sogar im öffentlichen Parkbereich sollte es ein chinesisches Haus geben: für den Lousberg zeichnete Anfang des 19. Jahrhunderts Stadtbaumeister Leydel einen großen chinesischen „Tempel" mit Aufseherwohnung im Erdgeschoß und darüber einem „Belvedere". Er ist wegen Geldmangels allerdings nicht gebaut worden[71]. — Über den viel bewunderten chinesischen Aussichts-Pavillon von Kaisersruh wird noch zu sprechen sein.

Vide Bouteilles

In einem französischen Buch über das Leben der Kurgäste in Aachen aus dem Jahre 1704 bemerkt der anonyme Verfasser: „Ich finde, das hübscheste Haus hat Herr de l'Albalêtre: in seinem gut gepflegten Gärtchen stehen drei oder vier kleine „vuide Bouteilles". Sie sind hübsch und reizvoll, in ihnen schmeckt der Wein ausgezeichnet — der Wein, der aus einem Brunnen in der Mitte dieses irdischen Paradieses fließt."[72] Vide* bouteilles heißt „leere Flaschen". Ein altes Lexikon besagt, daß damit Gartenpavillons gemeint waren, aber wie ist dieser seltsame Vergleich zu verstehen? Eine Abbildung des Kapuzinergartens in Spa[73] und andere zeitgenössische Gartenbilder dürften den Zusammenhang klären. Dort erkennt man Lauben aus Heckenwerk, in der Form von französischen Weinflaschen beschnitten — allerdings ohne Hals —, sie sind „leer", und man kann durch eine Öffnung in der runden Heckenwand hineingehen. Ein barocker Gartenscherz!

Über jenen Herrn de l'Albalêtre ließ sich nichts Näheres ermitteln, auch wissen wir nicht, ob es den Garten überhaupt gegeben hat, denn das erwähnte Buch mit dem delikaten Titel „Les Bains d'Aix ou les Amours secrètes des Dames qui vont prendre les Eaux à Aix-la-Chapelle"** gehörte zur Unterhaltungsliteratur für Aachener Kurgäste. Da die Angaben über die Stadt jedoch kulturgeschichtlich ernst zu nehmen sind, ist zu vermuten, daß Vide Bouteilles tatsächlich auch in Aachener Gärten gestanden haben.

Der Kapuzinergarten in Spa in den Ardennen mit seinen Lauben.

---

* früher „vuide" geschrieben
** 3. Auflage, La Haye 1704, S. 110
„Die Bäder von Aachen oder die geheimen Liebschaften der Damen, die nach Aachen zur Kur kommen".

Klostergärten

Als die Franzosen nach ihrem Einmarsch in Aachen 1792/94 die reichsstädtischen Traditionen Zug um Zug durch neue Ordnungen ersetzten, kam für die Klöster die bittere Stunde der Auflösung (1802). Nur bei klösterlichen Gemeinschaften, die sich der Krankenpflege oder der Jugenderziehung widmeten, waren Ausnahmen möglich. Damit wurde ein Impuls zurückgedrängt, der auf vielen Gebieten des städtischen Lebens seit einem Jahrtausend bedeutungsvoll gewesen war — auch für die Gartenkultur.

Aachen bedeckte innerhalb seines äußeren Mauerrings einen für damalige Begriffe riesigen Raum von 5,5 km Umfang.* Etwa der sechste Teil dieses großen Gebietes wurde von Klostergründen eingenommen![74] Ende der reichsstädtischen Zeit gab es in Aachen 23 Klöster. Diese Daten mögen einen Begriff von der Bedeutung der klösterlichen Gärten und Grünländereien für das Stadtbild Aachens geben. — Sehen wir uns einige dieser Klostergärten näher an.

Der Garten der Kapuziner

Das Kapuzinerkloster mit seinem großen Garten lag am Kapuzinergraben und bedeckte ungefähr die Fläche, die heute der Theaterplatz einschließlich Stadttheater einnimmt. Der Garten hatte für Aachen eine öffentliche Bedeutung; Christian Quix erinnert sich:
„Der Klostergarten war weitschichtig, wasserreich und sehr fruchtbar, wozu seine südliche Lage viel beitrug. Er bestand eigentlich aus mehrern mit schönen Hecken eingefaßten Gärten. Der Hauptgarten, der die Mitte einnahm, war mit einem Springbrunnen versehen, dessen Wasser ziemlich weit durch Röhren hergeleitet wurde. In dem Wasser, welches die am Ende des mittleren Theiles des Gartens gelegene St. Rochus-Kapelle umgab, schwammen Fische. Reichlich war der Garten mit herrlichen Fruchtbäumen versehen, die wohlschmeckende Früchte hervorbrachten, mit welchen die Kapuziner ihren Gönnern und Freunden Geschenke machten. Eine hohe Mauer und eine noch höhere Buchenhecke umgaben den Garten, der jeder honnetten männlichen Person zum Herumgehen offen war, indem arbeitende Laienbrüder immer darin beschäftigt waren. In der südwestlichen Ecke desselben, an dem die Mauer umfließenden Bache, war das Krankenhaus angebracht, das bei ansteckenden Krankheiten gebraucht wurde."[75]

„Jeder honnetten männlichen Person offen" — das war für das Aachener Kurleben wichtig, damit wurde der Kapuzinergarten zu einem Kurgarten-Ersatz. Zwar hatte der Stadtrat neben dem damaligen Kurzentrum Komphausbadstraße eine viereckige Baumpflanzung als „Spaziergang" angelegt, doch wurde dieser fast nur frühmorgens während der Trinkkur benutzt. Die Befestigungswälle vor den Stadtmauern waren noch nicht als Promenaden hergerichtet, also unbequem zu begehen. Freiherr von Pöllnitz schildert in seinem Aachen-Buch von 1736 die Situation wie folgt: „Aachen hat keinen sonderlichen Überfluß an Spaziergängen. Außer dem Viereck unter den Bäumen bei dem Brunnen, wohin man nur am Morgen geht, und dem Walle, der für die Damen zu mühsam ist, gibt es mehr nicht als den Garten der Kapuziner, solche sind aber nicht so höflich als die zu Spa, indem sie den Eintritt nur Mannspersonen verstatten."[76]

---

* Auf dem heutigen „Alleenring" kann man ihn noch ziemlich genau umwandern.

Tatsächlich waren im Kapuzinergarten des Badeortes Spa auch Damen willkommen.[77] Leider haben wir kein Bild vom Aachener Kapuzinergarten, ein Plan im Stadtarchiv[78] läßt lediglich seine Heckenstruktur erkennen.

Das Wasser für den erwähnten Springbrunnen soll „ziemlich weit aus der Aachener Heide"[79], also aus dem Bauernland südlich der Stadt, hergeleitet worden sein. Der am Garten entlangfließende Ponellbach dürfte den Fischteich gespeist haben. Auf seiner Insel stand eine Kapelle, beim Stadtbrand von 1656 flüchtete man die Reliquien des Münsters dorthin. Später erbaute Stadtbaumeister Mefferdatis die Kapelle neu auf achteckigem Grundriß.[80] Mitten im Gebäudekomplex des Klosters lag der Kreuzgang, der, wie üblich, einen Blumengarten umschloß.

Die große Ausdehnung des Klostergrundes ging auf Schenkungen des Klostergründers, des Landkomturs Edmund Huyn von Amstenrath, zurück. Er vermehrte den schon vorhandenen Besitz durch Ankauf von 13 Häusern in der Gasse, die damals von der Borngasse zum Kapuzinergraben führte, ließ die Gebäude abtragen und das Land zum Klostergrund schlagen. — Die Geschichte dieser Niederlassung reicht von 1614 bis zur Säkularisation 1802. Bis 1817 waren alle Gebäude abgerissen, weil die französische Verwaltung hier ein großes Thermal-Badehaus bauen wollte.[81] Um 1821 wurde das Klostergelände als öffentliche Grünanlage hergerichtet, auf deren Rasenfläche die Hausfrauen ihre Wäsche bleichen durften. Schon 1825 mußte die Anlage samt der noch erhaltenen Insel-Kapelle dem Bau des Theaters und des Theaterplatzes weichen.

Der Garten am Kloster der Minderbrüder

Zwischen Großkölnstraße und Seilgraben befindet sich ein Parkhaus. Es erfordert einige Mühe, sich vorzustellen, daß dort jahrhundertelang die Stille eines Klostergartens gewaltet hat.

Dieser Garten gehörte zum Franziskanerkloster der „Minderen Brüder", deren dem hl. Nikolaus geweihte Kirche heute noch an der Großkölnstraße steht.

An dieser Stelle ist die kirchliche und klösterliche Tradition der Nikolaus-Verehrung sehr alt. Ein Nikolausstift bestand schon seit dem Jahr 1005. 1234 brannten seine Gebäude ab; Franziskaner schufen einen Neubau und wirkten hier 568 Jahre hindurch von 1234 bis zur Auflösung des Klosters in der Franzosenzeit 1802.[82]

Glücklicherweise sind vom Klosterterrain zwei Situationspläne, die für den Prozeß mit einem Nachbarn angefertigt werden mußten und sich bei den Prozeßakten erhalten haben, auf uns gekommen. Für den einen Plan zeichnete Johann Joseph Couven verantwortlich[83], für den anderen Laurenz Mefferdatis[84]. Diesen letzteren bilden wir hier ab, er trägt einen Vermerk von 1737, der besagt, daß „Alexander Petrus Spierz, geschworener Landmesser der Fran-

ciscaner oder minnen Brüder gantzen Garten mit allen Weegen, Hucken*, ecken und winkelen auf das genaueste gemeßen und hierneben gesetzte Delineation in allem richtig zu seyn befunden, also daß selbiger garten in seiner größe, breite und länge in allem nur 1¼ morgen, oder für fünff Viertel, sechs ruthen und acht fuß anhalte . . .". Legt man diesen Maßangaben den Aachener Morgen und die Aachener Rute zugrunde[85], so ergibt sich eine Gartenfläche von rund 4000 Quadratmetern. Für das gesamte Klosterareal wurde später eine Fläche von etwa vier preußischen Morgen angegeben.[86]

Auf unserem Plan erkennt man unten den Grundriß der Nikolauskirche an der Großkölnstraße, vor ihrem Eingang vier Bäume. Oben begrenzt die Barbarossamauer** den Garten; sie steht heute noch frei im Gelände, parallel mit dem Seilgraben verlaufend. Im Kreuzgang fällt der schöne, bunt gezeichnete Blumengarten auf, eine sorgfältig gestaltete barocke An-

---

* „Huck" (Aachener Mundart) = Winkel
** innerer Mauerring der Stadt

lage. Der große Garten diente, wie in Klöstern üblich, dem Gemüseanbau. Die sehr großen Beetflächen sind auf dem Plan nicht unterteilt. In der Mitte — betriebswirtschaftlich sinnvoll — befand sich der Brunnen.

In der Franzosenzeit wurden die Klostergebäude teilweise als Arresthaus eingerichtet, ab 1811 wurde das Landgericht hier untergebracht. 1837 berichtet Quix: „Ein Teil des Klostergebäudes ist zu einem schönen Sitzungssaale des Assisenhofes und zu anderen dazu erforderlichen Zimmern eingerichtet worden, die nunmehr durch neue Bauten für das Landgericht noch vermehrt worden sind, wozu der an die ehemalige Wallmauer der inneren Stadt grenzende Klostergarten Raum genug gab. Der andere Teil dient zum Gefangenhaus der Criminell- und Correctionell-Angeklagten'[87]. Das Gefängnis blieb hier bis zur Eröffnung der Haftanstalt auf dem Adalbertsteinweg im Jahre 1874, die Justizverwaltung bis zum Umzug in die Kongreßstraße 1888. Danach befanden sich hier Verwaltungs- und Schuleinrichtungen, ab 1924 die Kaufmännischen Schulen der Stadt Aachen. 1943 wurden die Gebäude völlig zerstört. Nun ist der Raum des alten Klostergartens von einer Tiefparkanlage überbaut. Zwei herrliche Kastanienbäume haben die Veränderungen der letzten 100 Jahre überdauert.

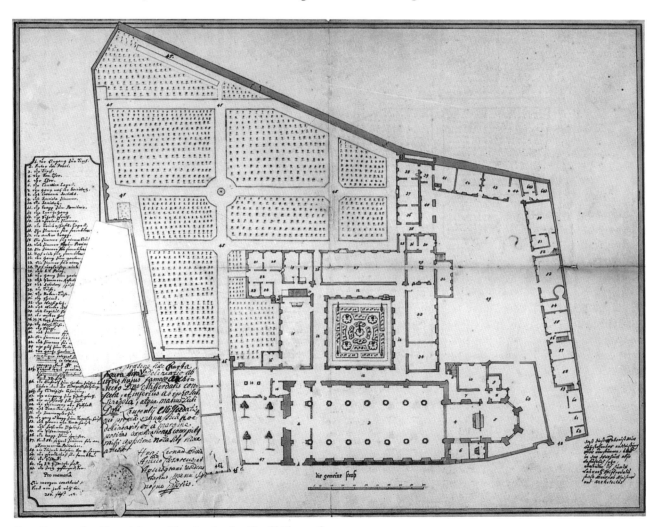

Der Garten des Franziskanerklosters in der Großkölnstraße.

Alte Gärten heute. *Frühling im Park von Haus Paffenbroich mit einem Blütenteppich aus blauem Schneeglanz (Chionodoxa).*

Sommer im Park von Haus Paffenbroich. — Näheres auf Seite 105

Das Kloster St. Leonhard

der Sepulchrinerinnen in der Franzstraße brauchte bei der allgemeinen Aufhebung der geistlichen Genossenschaften im Jahre 1802 seine Pforte nicht zu schließen, weil es der Jugenderziehung diente. Seine pädagogische Tradition als Töchterschule ging bis auf das Jahr 1626 zurück! In früher Zeit lag hinter dem Kloster ein großer Bongard[88]; er wurde zum Gemüsegarten umgewandelt, wie unser Bild aus dem Jahre 1861 zeigt, als Ursulinen-Schwestern im Kloster wirkten. Im dargestellten Garten erkennen wir das Muster, das für alle Klostergärten gültig war, ein zeitloses Muster, das nicht wechselnder Gartenmode, sondern sehr alten Bindungen an Zweckmäßigkeit und vor allem an kultische Einsichten unterlag. Betrachten wir das Bild!

Vor der Silhouette Aachens ist die Rückseite des Klosters und der Schule dargestellt; alte Aachener werden den Turm der Klosterkapelle wiedererkennen, der vor dem Krieg zum hohen städtebaulichen Reiz der oberen Franzstraße beitrug. Wir überblicken den Garten von seiner südlichen Grenze, die entlang dem Stadtwall (heute Boxgraben) verlief. Hier schloß eine hohe Mauer das Klostergelände in einer Länge von etwa 145 m ab.[89]

Der Garten dient dem Gemüsebau, kleine Bäume, vielleicht Pflaumen und Pfirsiche, sowie Beerensträucher sind in ihm verteilt. Ein großes Wegekreuz gliedert den Garten, im Schnittpunkt seiner Achsen liegt ein Rondell mit rundem Mittelbeet, höhere Blütengewächse betonen das Rondell als optischen Mittelpunkt des ganzen Gartens. Die Hauptwege sind mit niedrig gehaltenem Buchs eingefaßt, Nebenwege unterteilen das Gemüseland. Ein Mäuerchen grenzt den Garten vom Hofraum vor den Gebäuden ab. Dort scheint der Schulhof zu liegen, denn man erkennt spielende Kinder. An einem zurückgebauten Gebäudeteil rankt sich ein Weinstock in die Höhe. Einige Schwestern wandeln im Garten, und auf dem Hauptweg unterweist eine Schwester zwei Schülerinnen. Zweifellos entsprach das Bild der Wirklichkeit, denn der Künstler, Friedrich Thomas, war Zeichenlehrer an St. Leonhard und wird sich wohl keine Freiheit in der Darstellung erlaubt haben!

Wer noch die Bauerngärten des Aachener Landes und der Eifel gekannt hat, bevor sie in der Nachkriegszeit in Allerweltsgärten umgewandelt oder überbaut wurden, entdeckt, daß hier ein und dasselbe Gestaltungsprinzip vorliegt: die Kreuzwege mit blumenbetontem Rondell, ein Prinzip, das sich überall in den Bauerngärten Mitteleuropas fand und stellenweise noch findet.*[90]

Der Ursprung dürfte weit zurückliegen. So kennt der Plan des Klosters St. Gallen aus dem 9. Jahrhundert, der wahrscheinlich ein Muster für die Anlage von Klöstern war, bereits den kreuzweise geteilten Garten, nämlich den Innenhof des Kreuzgangs, der die Anweisung trägt „Quatuor semitae per transversum claustri": vier Wege kreuzen sich![91] Im Kreuzpunkt zeigt der Plan allerdings kein Rondell, sondern eine quadratische Fläche mit Baum (Lebensbaum?). In der Literatur wird oft auf die Förderung der bäuerlichen Pflanzenkultur durch die Klöster verwiesen, nicht aber auf die Verbindung in der Gartengestaltung. Hier kommt das Kreuz als wichtigstes christliches Symbol und der Kreis als Sonnensymbol, das sich vielfältig in der christlichen Formensprache niederschlug, zur Darstellung. Das ist verständlich für eine Zeit, in der religiöse Inhalte obenan standen und Symbole noch keine blassen Sinnbilder, sondern Zusammenklänge von Form und Erlebnis waren. So dürfen wir eine weitgehende Einheitlichkeit der Form bei Kloster-, Bauern- und wohl auch bürgerlichen Gärten in den Städten annehmen[92], wobei auch bei den Gartengewächsen Einheitlichkeit herrschte, wie wir noch sehen werden (S. 60). Das allgemeine Auseinanderfallen von Formen und Inhalten städtischer und bäuerlicher Gärten ergab sich erst seit der Mitte des vorigen Jahrhunderts. Eine Weiterentwicklung erfuhren die alten Grundformen des Gartens in der Renaissance (vgl. den Burtscheider Abteigarten).

Vom Garten des Leonhardsklosters hat Zeichenlehrer Thomas auch noch zwei Ölbilder gemalt[93], die des-

---

* Als nach dem letzten Krieg das große Sterben der Eifler Bauerngärten begann, regte Prof. Dr. Matthias Schwickerath, Aachen, eine Dokumentation dieses alten Kulturgutes an; sie konnte leider nicht durchgeführt werden.

sen rückwärtigen Teil in der Nähe des Marschiertors zeigen: einen kleinen Landschaftspark mit Bäumen und viel Strauchwerk auf einem Gelände mit beträchtlichen Höhenunterschieden.

Auch der Kreuzgang des Klosters verdient, hier erwähnt zu werden. Er lag inmitten des Baukomplexes und zwar zweistöckig; sein Binnenhof war etwa 450 qm groß. Noch bis zur Kriegszerstörung wurde diese beträchtliche Fläche völlig überschattet von einer alten Esche, die im Hofe wuchs.[94]

Der grauenvolle Fliegerangriff vom 11. April 1944, der einen Teil der Stadt vernichtete, ließ auch die Gebäude von St. Leonhard restlos ausbrennen.[95] Die Schule wich aus in das Gebäude des Realgymnasiums in der Jesuitenstraße, wo sie heute noch wirkt als „Gymnasium St. Leonhard".

Auf dem alten Klostergelände in der Franzstraße entstand nach dem Krieg zunächst eine städtische Mädchen-Mittelschule; heute ist dort eine Hauptschule.

Kloster St. Leonhard mit seinem Garten. Radierung von F. Thoma 1861

Sonstige Klostergärten

Die Sammlungen des Museums Burg Frankenberg, Aachen, besitzen eine Darstellung des

Augustinerklosters

am Augustinerbach aus der Vogelschau (Kupferstich
von J. M. Steidlin um 1740). Man erkennt mehrere
Gärten, darunter auch einen Hausgarten an der Pont-
straße. Alle Gärten haben kreuzförmig angeordnete
Wege. Das Klostergelände wurde vom Kaiser-Karls-
Gymnasium überbaut, die Klosterkirche präsentiert
sich heute als „Aula Carolina" in der Pontstraße.
Besonderen Reiz müssen die Klostergründe der

Regulierherren

(Windesheimer Chorherren) ausgestrahlt haben. „In
abgeschiedener Ruhe", wie Quix sagt, lagen die Klo-
sterbauten in einigem Abstand zur Alexanderstraße.
Auf einem freien Platz in ihrer Mitte befand sich ein
wohlgepflegter Blumengarten. Zwischen Sandkaul-
straße und Hinzengasse (Heinzenstraße) erstreckte
sich das klösterliche Garten- und Wiesenland bis zur
Stadtmauer an der Monheimsallee. Auf dem anstei-
genden Gelände lagen ein Obstgarten und zwei Wiesen; in einer der Wiesen entsprang ein Quellwasser,
das den Klosterbrunnen speiste: offenbar eine kleine
Naturlandschaft innerhalb der Stadtmauern! Nicht
weit von der Hinzengasse breitete sich der Hopfen-
garten aus, nahe bei der Klosterbrauerei, auf deren
Gelände an der heutigen Alexanderstraße sich noch
lange Zeit Brauereien gehalten hatten[96].

Die Jesuitengärten

Das Kolleg der Jesuiten lag zwischen Jesuiten- und
Annastraße, dort wo heute ein Parkhaus steht. Die
Kirche St. Michael gehörte zu dieser Niederlassung.
Die Jesuiten unterhielten die höhere Knabenschule,
das 1601 gegründete Gymnasium. Kolleg und Gymnasium bildeten ein Konglomerat von Gebäuden und
Gärten. Auf einer alten Abbildung sind ein Baumgarten und ein Garten mit Wegekreuz zu erkennen.[97]
Aus einer Stellungnahme des Stadtrats von 1786: Das
Jesuitenkollegium hat an der Jesuitenstraße „einen
sehr gut gelegenen und ungemein fruchtbaren großen
Garten, auch hat es noch einen zur Seite der Kirche
und hinter dem Gymnasium befindlichen Garten, sodann den dritten nach der Seite der St. Annastraße,
auf welchem ehedem und vor dem allgemeinen Stadt-
brande im Jahre 1656 Häuser gestanden sind, die nach
dem Brande wieder aufgeführt zu werden vernachlässigt worden."[98] Den letzteren Garten kaufte etwa zur
Hälfte Bürgermeister Dauven, um dort sein Haus
durch Jakob Couven erbauen zu lassen. Dieses
Grundstück hatte später die Bezeichnung Annastr.
13—15/1.[99] Mehrere Springbrunnen befanden sich in
dem mit Wasser reichlich versorgten Jesuitengelände.
Nachdem der Papst den Jesuitenorden aufgehoben
hatte, wurde 1773 das Aachener Kolleg aufgelöst. In
den Gebäuden wurden Fabriken untergebracht, Gartenland verpachtete man. Erst 1891 wurde der letzte
Springbrunnen abgedeckt.[100]

Alte Gärten heute. *Wohl die schönste Strauchkastanie weit und breit wächst im Park des Bodenhofs an der Eupener Straße. Während das alte Wasserschloß infolge des Krieges bis auf einen geringen Rest verschwunden ist, blieb der Park erhalten. Er wird vom jetzigen Eigentümer, der Firma Philips, aufs beste gepflegt. — Vergleiche S. 102*

45

Die Gemüsegärtner
in der Freien Reichsstadt Aachen (bis 1794)

Im Jahre 1632 schrieb Johannes Noppius in seiner „Aacher Chronick": „Die Gärtner verhalten sich in S. Jacobs Straß und auff der Rosten. Dann dieselbe nehmen sich wenig der Kauffmannschafft an, doch in Catholica Religione dermassen stabilit, daß newlich in Zeit deß Auffstands ab Anno 1611 biß 1614 die Widerwertigen sich vor diß Quartier auffs allermeist geförchtet, als welche schon im Anfang deß Tumults solcher Unruhe bald ein End würden gemacht haben, wann sie nur Gefolgnuß von ihrer Obrigkeit gehabt hetten. Inhibebatur autem ideo, quia semper dubius est Litis et Belli eventus" [101]

Zwei überraschende Tatsachen gehen hieraus hervor: Die Gärtner wohnen konzentriert im „Quartier" um Jakob- und Rosstraße,

sie haben sich besonders aktiv an den konfessionellen Kämpfen, die jahrzehntelang Aachen erschütterten, beteiligt, ja sie würden diese Auseinandersetzungen im Keime erstickt haben, wenn ihnen die Obrigkeit freie Hand gelassen hätte. Wohl mit Blick auf die zeitweilige Neutralitätspolitik Aachens gegenüber den Nachbarn bemerkt Noppius tadelnd auf lateinisch: *„Man war zurückhaltend, weil der Ausgang von Streit und Krieg ja immer ungewiß ist."*

Im alten Aachen unterschied man zwischen „Kunst- und Handelsgärtnern", die sich mit Blumenzucht, Pflanzenverkauf und der Anlage von Gärten befaßten, und einfachen „Gärtnern", die meist mit „Ackerern" in einem Atemzug genannt wurden und sich dem Gemüsebau widmeten. Hier verwischte sich der Unterschied zwischen Landwirtschaft und Gartenbau.

Über Jahrhunderte hinweg ist folgende Situation zu beobachten: in der äußeren Jakobstraße — also zwischen Karlsgraben und Schanz —, in der ehemaligen Rosgasse (Stromgasse) und in dem lange Zeit noch wenig bebauten Gebiet dazwischen saßen die „Gärtner", die man auch „Kappesbauern" nannte. [102] Quix schreibt 1829: in der Pfarre St. Jakob „wohnen die sogenannten Kappesbauern, die Ackerschaft treiben und vorzüglich Weißkohl (Kappes) und andere Gemüsearten bauen". [103]

Die Wohnung dieser Gemüsegärtner lag also innerhalb der Stadtmauern, ihre Felder lagen jedoch draußen vor den Toren, z. B. im „Gärtnerfeld", einer Reihe kleiner Parzellen nahe der Lütticher Straße. Auch weiter unterhalb in Richtung Hangeweiher gab es die Flurbezeichnung „Kappesfeld". Die Verbindungswege zu diesen Feldern durch das Jakobs-, das Ros- oder das Vaalsertor waren nicht weit; der Boden war in dieser Gegend nahrhaft und tiefgründig, so daß der Standort der Gärtner im Jakobsviertel ideal war. Keine andere Stelle der Stadt bot für eine Vielzahl von Gemüsegärtnern so günstige Bedingungen; bei den übrigen Toren finden wir Gärtner nur vereinzelt. Hinter dem Wohnhaus dieser Gärtner in der Stadt befanden sich vielfach Scheune und Stall für eine kleine Viehhaltung sowie Hausgarten und Grasplatz.

Einige Beispiele mögen dies erhellen:

1391 Der Gärtner Johann Koch erhält vor dem Vaalser Tor 8 Morgen und $1/2$ Viertel Ackerland mit $3^1/2$ Morgen Grasswachs beim Neuenhof in Erbpacht. [104]

1786 Aus einer Stellungnahme des Stadtrates zu einem Haus am Karlsgraben „unweit der äußeren Jakobstraße": das Haus „trägt den Namen Schießscheuer" ... „und ist bekannt, daß in selbigem Hause die Wohnung einer Bauerhütte gleich und gar gering sey, übrigens aber in einem Garten, sodann Stallungen und Scheuer für Kühe, Pferd und die von den dazu gehörigen fast gänzlich ausser der Stadt gelegenen fünf Morgen, drey Viertel und 24 Ruthen theils Wiesen, theils Land abkommende Frucht und Heu bestehe ..." [105]

1806 In der Wohnung des Kaplans von St. Jakob werden „2 Stück Gärtnerland", 1 Morgen und $1^1/4$ Morgen groß, meistbietend verpachtet. [106]

Der Beginn einer gärtnerischen Konzentration im Umkreis der Jakobskirche liegt viele Jahrhunderte zurück; er soll nun untersucht werden, wobei sich auch eine Erklärung für die heftige Teilnahme der Gärtner an den Religionskämpfen ergibt.

Als der erste Mauerring um Aachen gebaut wurde, blieb die damals schon bestehende kleine Jakobskirche außerhalb der Befestigung. Die umwohnenden Landleute werden sich bei Gefahr auf den mauerbewehrten Friedhof dieses Kirchleins zurückgezogen haben; ein Vorwerk der Stadt![107] Schon damals begann hier die Entwicklung eines geistlichen und sozialen Zentrums für die „Aachener Heide", das Bauernland zwischen Stadt und Aachener Wald. Ein Markstein in der Festigung dieses Bauernzentrums war die Erhebung des Jakobskirchleins zur Pfarrkirche für die gesamte Aachener Heide.

Stadt und Land waren einst zwei verschiedene Welten, und der Unterschied im Lebensstil, im Denken und Empfinden war beträchtlich. Als bei der zweiten Ummauerung Aachens das Jakobsviertel in den Stadtbereich „eingemeindet" wurde, war ein Keim für Spannungen gelegt. Selbständige Aktivitäten und ein kämpferischer Geist blieben jahrhundertelang bezeichnend für die „Jakobstraßer" und ihre Nachbarschaft, wie zeitweilig auch für die Pfarre St. Peter, die auch erst durch den zweiten Mauerring in die Stadt gekommen war.

Der Gedanke liegt nahe, daß als Kontaktzelle für das ungestüme Bauern- und Gärtnertum die sehr alte Gastwirtschaft diente, die sich in einem Haus nahe der Jakobskirche befand, das den bezeichnenden Namen „Zum Ackermann" trug; das Haus steht heute noch, erneuert nach dem letzten Krieg (Jakobstraße 126).

Die religiösen Auseinandersetzungen, die Europa im 16. und 17. Jahrhundert erfüllten, wirkten sich in Aachen mit aller Heftigkeit aus. Durch Handwerker, die man aus Flandern nach Aachen berufen hatte, und durch Flüchtlinge aus dem spanisch besetzten Teil der Niederlande wurden kalvinische und lutherische Gedanken in die Stadt gebracht. Es konnte nicht ausbleiben, daß man ihnen im weltoffenen Handelsplatz Aachen Interesse entgegenbrachte, stand doch wegen dieser Gedanken Mitteleuropa bereits in höchster Erregung. Eine zunächst heimliche Anhängerschaft gewann schließlich so großen Einfluß, daß die Stadtregierung in evangelische Hände kam. Heftige politische und kirchliche Reaktionen, darunter die Reichsacht des Kaisers, bewirkten einen Umschwung; in der Öffentlichkeit wurde der Protestantismus ausgelöscht, harte Maßnahmen trafen seine Anhänger. Als sich im Jahre 1610 die konfessionelle Lage beim einflußreichen Nachbar Jülich geändert hatte, flammte bald danach die protestantische Bewegung als Aufstand gegen den Rat der Stadt erneut auf. Wieder erließ der Kaiser die Reichsacht, spanische Truppen vollstreckten sie und verhalfen dem Katholizismus zum endgültigen Sieg. Den Protestanten, soweit sie in Aachen verblieben, wurden wesentliche bürgerliche Rechte genommen, jegliche Religionsausübung wurde ihnen in Aachen verboten. Auf diese Erhebung spielt Noppius in der eingangs zitierten Notiz an.

Den schlichten bäuerlichen Menschen des Jakobsviertels mußte diese Entwicklung undurchsichtig bleiben. Traditionsverbunden, wie der Landmann war, verabscheute er die Neuerer; die oft vorsichtige Diplomatie des katholischen Rates in der Anfangszeit erschien ihm verfehlt.

Obwohl im Jahre 1614 der Kampf beendet war, führten die Jakobstraßer ihre eigene Fehde gegen die „Calviner" noch generationenlang weiter. Sonntags hatten sie dazu Gelegenheit, wenn die Protestanten nach Vaals in ihre Kirche zogen. Unglücklicherweise führte der Weg nach Vaals durch das Jakobsviertel! So hatten Kalvinisten und Katholiken um ein Kruzifix auf dem Vaalser Friedhof gestritten. Bürgermeisterdiener Janssen notiert 1740: „Dieses Jahr in Septembris haben die Calviner zu faels dass Creutz abgerissen, und die Jakobstrasser haben ihnen gezwungen es wieder auffzurichten, dan kein Calviner dörffe anders mehr nach faels fahren — got sey dabei in Ewigkeit gelobt. Amen."

1757 schreibt Janssen: „den 7. Juni haben die Jakobstrasser eine ganze Kahr (Karre) Woll, die von Bortscheidt nach Vaels gewollt, mit aller Gewalt angehalten, weile Bortscheider Kaufleut die Aacher kein Arbeit geben wollen und wollens geben an die Calviner von Vaels, darumb ist dies geschehen."

Die Reibereien hörten nicht auf, es war sogar zu einem Totschlag gekommen. Janssen notiert 1764: „Und die Cappusbauren hören nicht auf, sie, die Calviner zu turbiren auf ihre Sonntags vermeinten Kirchengang, also daß alle Augenblick etwas darzwischen zu thun ist. Die Cappusbauren seind sich treu, der ein verklaft der ander nicht, also kann man niemals den Täter ausfinden ihm zu gebührende Straf zu zeichen, man mag sich auch anlegen wie man will …"[108]

Als schließlich 1802 die Glaubensfreiheit eingeführt wurde, traten die konfessionellen Gegensätze in den Hintergrund. —

Zum Schluß sollen die Leistungen unserer Gemüsegärtner im Kohlanbau gewürdigt werden. Eine Fotografie aus der Zeit der letzten Jahrhundertwende von einer Aachener Marktfrau läßt erkennen, welche Prachtexemplare von Weißkohl feilgeboten wurden[109] — ihre Größe dürfte heute im allgemeinen nicht mehr erreicht werden!

Die Aachener Marktfrau darf stolz sein auf die Erzeugnisse der Kappesbauern! Foto aus der Zeit um 1900.

Ein Aachenführer von 1878 schreibt:
„Unter den Gemüsen hat den meisten Ruf der hiesige Kohlkopf, Cappus (caput = Kopf), welcher besonders in der Nähe der Stadt gebaut wird. Zu seiner Güte scheint die Vermischung des Erdreichs mit der Asche der Steinkohlen viel beizutragen. Roh und als Sauerkraut eingemacht, wird er nicht selten auswärts versendet. Das Schneiden und Einmachen desselben wird häufig von Tirolern besorgt."[110]

Steinkohlenasche, die in Aachen reichlich zur Verfügung stand, ist zwar kein Düngemittel, kann aber einen schweren Boden lockern. Kohl verlangt zum üppigen Gedeihen einen kräftigen, tiefgründigen Boden, der locker sein muß. Es ist denkbar, daß schwere Böden, wie sie sich stellenweise bei Aachen finden, durch Steinkohlenasche zu speziellen Kohlböden verbessert worden sind.

Über den Kohlanbau, der offenbar in Aachen eine Spezialität war, schreibt ein „Handbuch für Reisende am Rhein" (1828): „Ein Teil der Einwohner Aachens lebt vom Feld- und Gartenbau. Man begreift sie gewöhnlich unter dem Namen der Kappesbauern, weil diese Kohlart in außerordentlicher Menge gepflanzt und ungeachtet der großen Konsumption in der Stadt noch häufig ausgeführt wird."[111]

Was einem Kappesbauer beim Export seines Erzeugnisses passieren konnte, vermeldet Janssen in seiner Chronik zum Jahr 1748:
„Den 30ten Novembris ist auch wider einer aufm aacher Busch vermordet worden, nemlich Roderbug, ein Kappesbaur aus St. Jacobstrass, welcher nach Eupen mit Kappes war gewesen und wegen des geloste Geld mussen sein Leben einbüssen."[112]

In jedem Herbst kamen Tiroler, die in ihrer Heimat keine Arbeit fanden, nach Aachen, um in Privathäusern die mühsame Arbeit des Kohlschneidens auszuführen und die Sauerkraut-„Baren" kunstgerecht zu füllen. Man freute sich auf sie, weil ihre Berichte aus dem fernen Tirol und über ihre weite Reise Abwechslung in die Aachener Küchenstuben brachten!

Aachen-Zeitung 1. 10. 1791: „Johann Sieger auf dem Webershof in Mariä Baumgarten macht einem geehrten Publiko bekannt, daß er wieder anfängt seine Gönner mit seiner wohleingerichtete Kappesschaben aufzuwarten, er schabet das Kappes ganz fein, und macht es auch so ein, daß nicht das geringste davon faul wird. Er verheuret auch Schaben aus dem Haus, alles um einen billigen Preiß."

Stadt Aachner Zeitung 6. 10. 1818: „Ant. und Joseph Düngler, Kapesschneider aus Tyrol, empfehlen sich dem geehrten Publikum bestens. Sie sind zu finden bei Friedrich Pitet, auf dem Markt Nr. 780."

Die Blumengärtner
der reichsstädtischen Zeit und ihr Pflanzenangebot

Einige Anzeigen aus der Aachener Zeitung seien hier wörtlich zitiert, um die Altaachener Pflanzennamen zur Geltung zu bringen:

29. Juli 1768

„Es seynd bey Sr. D. Körter in Königstraß wohnhaft, allerhand Sorten von schönen Fletten oder Graß-Blumen zu sehen und zu kauffen, wer dazu Lust hat, beliebe sich daselbst anzumelden"
Sr. = Sieur = Herr
Fletten, Grasblumen = Nelken

30. Dezember 1775

„Johannes Sturm wohnhaft an Bergpfort macht hiermit bekannt, daß er die beste Sorten von Obstbäumen zu verkauffen hat. Als: hochstämmige Biren und Apfel Bäumen 9 bis 10 Fuß hoch kosten per Stück 3 Gl. Spalier 12 Mark. NB. auch Dernen 3 — 5 Fuß hoch."
Die Gärtnerei Sturm lag Bergstraße 43 nahe des Bergtors. Dort waren weite Fluren des Stadtgebietes unbebaut, so daß sich Gärtnereien niederlassen konnten.
Biren = Birnen
Gl = Gulden. 1 Gulden = 6 Aachener Mark (Märk).
Die Aachener Märk hatte nur geringen Wert.
Derne = Kornelkirsche (Cornus mas); als Heckenpflanze beliebt, auch für Lauben, da sie einen Schnitt gut verträgt. Derartige Heckengebilde waren Gartenelemente der barocken Zeit, in Aachen auch noch um 1800 und später geschätzt!
1 Fuß = etwa 30 cm.

8. April 1780

„Da sich am Ende dieses und anfangs des künftigen Monats die wahre Zeit zum auspflanzen der Dannenbäume ereignet, so wird einem geehrten Publico hiemit bekannt gemacht, daß sich die Hn. Liebhaber bey Hn. Willee in der Sonne in Cöllnstraß melden können, allwo mit 100, 50 und 25 gegen vier Französische Cronenthaler das hundert Pflanzen von 7 bis 8 Schuh hoch zu bekommen sind."
Herr Willee im Haus zur Sonne = Großkölnstr. 53.
Daß „Dannenbäume" — wohl Fichten — in größeren Quantitäten (zu 100, 50, 25 Stück) verkauft werden, ist eine beachtliche Tatsache. Die Fichte war damals in Aachen ein Fremdling. In den hiesigen Wäldern kam sie nicht vor, denn ihr natürliches Verbreitungsgebiet begann erst in den Mittelgebirgen jenseits des Rheins und in Süddeutschland. Auch die Weißtanne kam in unserem Gebiet nicht vor. Der Weihnachtsbaum war in Aachen noch unbekannt, erst im vorigen Jahrhundert bürgerte er sich langsam ein. Damals — um 1780 — scheint die Fichte ihren Siegeszug zunächst in die Gärten und Parks angetreten zu haben, dies beweist auch eine Zeichnung des Schlosses Berensberg aus der Zeit um 1790, auf der man eine größere Fichtenpflanzung erkennt.[113] Der Barockgarten mit seinen Laubholzhecken, die für den strengen Schnitt geeignet waren, hatte mit Fichten nichts anfangen können, aber der nun beginnende englische Stil holte die Fichte in den Garten. In preußischer Zeit (nach 1815) pflanzte man die Fichte in die Wälder („Prüße Böm" nannte sie der Aachener), wodurch schließlich unsere Waldlandschaften verfremdet wurden mit bedenklichen Folgen für Boden, Pflanze und Tier. In den letzten Jahrzehnten trat auch in unseren Gärten oft eine unglückliche „Verfichtung" ein, wenn sich die so beliebten „niedlichen Tännchen" zu Riesen ausgewachsen hatten, viel zu mächtig für Hausgärten, Düsternis verbreitend. — Vor 200 Jahren lag also der Beginn dieser bedauerlichen Entwicklung.

4. November 1780

„Es dient hiemit denen Liebhabern von Pflanzen zur Nachricht, daß bey Hn. Willee in der Sonne in Köllnstraß zu finden sind folgende Gattungen von Bäumen, als: 1) Italiänische Popelweiden, Eschen mit breitem Blatt und Löffelholz, das Stück zu 6 Märk. 2) Magere Olm, Weiß-Holz genannt, Lauter- oder Silberblatt, gute zahme Castanien, Popelweiden von Carolina, und gemeine Linden, das Stück zu 20 Märk. 3) Larix oder Lerchen-Tannen, Holländische Linden und fetter Olm, das Stück zu 40 Märk. 4) Holländische weiße Eichen und Bücken das Stück zu 9 Märk. N.B. Alle diese benennte Bäume von 9 — 10 Schuh hoch sind zum Auspflanzen täuglich. Auch sind daselbst zu finden Tannen von 7 — 8 Schuhe hoch, das 100 davon zu 1 Carolin. Item der Occidentalische Platanus, einen Besemstil dick und 10 Schuhe hoch, das Stück 1 Cron. Item schöne Seringa oder wilde Oranien mit weißen riechenden Blumen, sehr gut zum Hage-Pflanzen, zu 1 Carolin das hundert. Wegen der im letztem Frühjahr vorgefallener Trockne wird es denen Liebhabern gerathen, sich vor anstehendem Advent zu melden, und zu versehen."

Popelweiden = Pappeln
Löffelholz = Ahorn, aus dessen weißem Holz Löffel verfertigt wurden.
Olm = ?
Lauter- oder Silberblatt = ?
Zahme Castanien = Eßkastanien
Popelweiden von Carolina = Kanadapappeln
Bücken = Buchen
1 Schuh = ca. 30 cm.
Carolin: eine Goldmünze
Cron: französ. Kronentaler
Seringa = Flieder

3. November 1790

„Bey Johann Sturm, Gärtner an der Bergpfort sind zu haben: Hyazinthen- und Tulpenbollen, Ranunkeln, Pfirsich, Aprikosen, Birn- und Apfelbäume, Pflaumen, Kirschen und Maulbeer, hoch- und niederstämmig, italienische Pappel- und Bollweiden, große Silberblatt, Taxis zu Pyramiden, Knäulger- und Serinenpflanzen, frühe und späte Weinreben, Nuß- und Kastanienbäume."

Taxis = zu Pyramiden geschnittene Eiben(Taxus)büsche: ein barockes Gartenelement!
Knäulger-Pflanzen = Kornelkirschen. Die gelben Blüten dieses Strauches sitzen in kleinen Knäueln zusammen, daher im Rheinland der anschauliche Name „Knäulchen", geschrieben „Knäulgen", Mehrzahl: Knäulger
Serinen = Flieder (lateinisch: Syringa)[114]

Die Blüten der Kornelkirsche stehen in Knäueln, daher der Name „Knäulgen" für diesen Strauch in der Aachener Sprache.

25. Februar 1792

Johann Michael, Gärtner, welcher alle Indianische, Amerikanische und Afrikanische Gewächse, wie auch alle rare Blumen, Gemüsesamen und Bäume zu treiben versteht, Obstbäume zieht, und französische Blumenfelder und englische Gärten einzurichten versteht, sucht Kondition als Gärtner. Sein Aufenthalt ist bey Sr. Plusch nahe an St. Adalbertsthor.

Die neue Zeit

300 Jahre hatten geometrische Formen in der Gartenkunst geherrscht — im italienischen und französischen Gartenstil (etwa von 1450 bis 1750) —, dann brach in England und anschließend in ganz Europa eine Gartenrevolution aus, die alle Geometrie aus Garten und Park verbannte und der sich frei entfaltenden Natur die Herrschaft überließ. Anstelle von strengen Heckenarchitekturen sollten Landschaftsmotive romantische Empfindungen wecken: Hügel und Senken, Bäche und Seen, Rasenflächen mit Baum- und Strauchgruppen. Dieser „Englische Garten" spiegelte das allgemeine neue Lebensgefühl wider, das sich in den Jahrzehnten vor 1800 auf vielen Gebieten angekündigt hatte.

Das Drimborner Labyrinth

Im Osten Aachens, an der heutigen Schönrathstraße nahe dem Eingang zum Tierpark, lag das Acker- und Wiesengut Drimborn. Sein Besitzer, der Tuch- und Nadelfabrikant Konrad Clermont, hatte dort um 1715 ein Herrenhaus mit einem vornehmen französischen Garten anlegen lassen. 1772 erbte Hermann Isaac von Aussem das Haus Drimborn[115] und gab ihm das reizvolle Gepräge seiner Zeit. Mit gemalten Wandbekleidungen und Stuckarbeiten ließ er die Räume des Herrenhauses schmücken, in geringer Entfernung vom französischen Garten legte er in einem Wäldchen ein „Labyrinth" an, eine Gartenpartie im Stil des englischen Landschaftsgartens in seiner frühen romantischen Phase.

Die französische Gartenkunst hatte unter einem Labyrinth eine regelmäßige Anlage aus Heckenwegen verstanden, in der man zur Belustigung in die Irre ging und mühsam wieder herausfand. Jetzt schrieb Christian Hirschfeld, maßgeblicher Lehrmeister der neuen englischen Gartenkunst in Deutschland: „Inzwischen ist gewiß, daß waldige und gebürgigte Gegenden ihre natürlichen Irrgärten haben, und daß es uns, frei von der Befürchtung einiger Gefahr oder einer ewigen Umherirrung, zuweilen ein Vergnügen ist, uns in diese Irrgänge mit einer ruhigen Sorglosigkeit zu verlieren, um uns bald dem ernsthaften Denken, bald den zauberischen Spielen der Phantasie zu überlassen ... Selbst in eingeschränkten Gärten, die an waldige Berge und buschige Wildnisse grenzen, lassen sich sehr angenehme Vorteile von solchen natürlichen Irrgängen gewinnen ... *Das Nachlässige und Verwilderte macht den wahren Eindruck der Labyrinthe der Natur.*"[116] Die Wege, die sich durch derartige Labyrinthe schlängelten, waren zugleich moralische Lehrpfade[117], an denen Denksteine und kleine Bauten errichtet wurden, um Freude und Trauer, Mitleid, Ehrfurcht und Staunen zu erregen. Damals brodelte die Reaktion gegen die herrschende nüchterne Aufklärung mit ihrer rationalistischen Welthaltung, die Jugend stand im Aufbruch zu einer neuen Zeit und machte sich den Satz „Empfindung ist alles"[118] zu eigen — scharf spiegelte die Gartenkunst die geistige Revolution wider.

Offenbar beseelt von diesem Zeitgeist, schuf Hermann Isaac von Aussem — etwa 30 Jahre alt und begeistert für Natur und Kunst — sein Labyrinth. Im Aachener Raum war die Anlage einzigartig, deshalb wollen wir sie genau betrachten, zumal ein bescheidener Rest bis heute erhalten ist als „Drimborner Wäldchen", eine öffentliche Grünanlage neben dem Tierpark.

Für seine Anlage wählte von Aussem den reizvollen Rand des Bevertals, wo eine felsige Anhöhe steil zum Bach abfiel und weiten Ausblick über die Wiesen des

Talgrundes bot. Die Anhöhe war mit einem Naturwäldchen bewachsen, ringsum buschige Hecken (man vergleiche die Idealvorstellungen Hirschfelds!). Wahrscheinlich verspürte hier der empfindsame Naturbetrachter der damaligen Zeit einen „Genius loci" — ein wichtiges Motiv für Parkanlagen[119].

Das Labyrinth dürfte ab 1775 entstanden sein, seine Schaustücke kamen im Laufe der folgenden Jahrzehnte hinzu. Wir betrachten es in seinem vollendeten Zustand, wobei auf die Angaben, die Josef Liese in seiner Schrift „Das klassische Aachen" überliefert hat, zurückgegriffen wird.[120]

Man betrat das Labyrinth-Wäldchen durch einen wuchtigen Torbau, der den Eindruck einer gotischen Ruine vermittelte. Damals wurden in größeren Gärten allenthalben künstliche Ruinen gebaut, Ruinenromantik muß die Menschen stark berührt haben. Dabei schätzte man die Gotik ungemein, sie galt als die höchste Entwicklungsstufe der Kultur in unserem Land. Das Steinmaterial für die Drimborner Ruine war von besonderer Art. 1786 hatte man in der Chorhalle des Aachener Münsters die Marienkapelle abgerissen, die seit gotischer Zeit den Marienschrein mit den „Großen Heiligtümern" geborgen hatte und an deren Altar die Krönung der Deutschen Könige vollzogen worden war. Wohl um die Baufragmente mit ihrem gotischen Maßwerk und ihrem Nimbus zu retten, holte von Aussem sie in sein Wäldchen und baute aus ihnen und aus anderen ehrwürdigen Steinen seine phantastische Ruine zusammen. Unter den vielen damals errichteten Ruinen hat wohl keine einen ähnlich bedeutungsvollen „Hintergrund" besessen!

In der Mitte des Wäldchens lockte ein kleiner Rundtempel zum Besuch; sechs hölzerne Säulen trugen ein rundes, ziemlich flaches Schindeldach. Ein solcher „Monopteros" war ein antiker Bautyp, der sich in England bei der Anlage von Landschaftsparks großer Beliebtheit erfreute und auf dem Kontinent etwa um 1760 seinen Einzug gehalten hatte[121]. In Drimborn wird er wohl als Staffage gedient haben, die an das klassische Altertum erinnern sollte; sicherlich war er auch Aussichtspunkt für die liebliche Umgebung mit ihren Feldern, Wiesen und Hecken.

Am Ufer des Bachs lud eine Eremitage, bestehend aus Einsiedlerklause und Kapelle, zum Verweilen ein. Nahebei auf einer Steinbank konnte man meditieren und sich in das erbauliche Leben eines Eremiten versetzen. Die Rückenlehne der Bank trug ein Relief von Adam und Eva — zurück zur Natur, zurück zur paradiesischen Bedürfnislosigkeit, weg von der Üppigkeit barocken Lebensstils — das waren Leitgedanken jener Zeit!

In eine ganz andere Welt sollte ein Obelisk versetzen, eine dreiseitige, von einer Kugel gekrönte Spitzsäule aus Stein. Obelisken schmückten besonders in der klassizistischen Zeit viele Parkanlagen. Sie gehörten als alt-ägyptisches Motiv zum ägyptischen Einschlag im Lebensstil der Zeit um 1800, erkennbar in Architektur, Kunstgewerbe und Mode.

Als nächstes Schaustück überraschte den Besucher ein hüfthoher römischer Votivstein, die Inschrift weihte ihn dem Jupiter. Er war zwischen Bonn und Andernach entdeckt worden, von Aussem hatte ihn gekauft und nach Drimborn schaffen lassen.

Eine andere Erinnerung an die Römerzeit war ein

Durch dieses seltsame Gemäuer betrat man das Drimborner Labyrinth (Aufnahme aus der Zeit um 1900).

Romantischer Spazierweg am Rande des Drimborner Wäldchens mit Eremitage (Foto um 1900).

mächtiger Steinsarkophag. Bei Weisweiler war ein Bauer beim Pflügen auf ihn gestoßen, von Aussem hatte den schweren Sandsteinblock herbeiholen und im Wäldchen in einem offenen Gruftgewölbe stimmungsvoll unterbringen lassen.

Gegenüber dem Römersarkophag stand ein Gedenkstein für drei Kinder von Aussems, die im Dezember 1782 innerhalb von wenigen Tagen gestorben waren. Die ergreifende Inschrift auf dem Stein dürfte von den Parkbesuchern mit Anteilnahme gelesen worden sein[122].

Hier sei angemerkt, daß in jener Epoche der Empfindsamkeit Darstellungen mit Todesmotiven in den Parks verbreitet waren. Der im Park Wandelnde wollte von heiteren, aber auch von melancholischen Empfindungen abwechselnd berührt werden: „Urnen, Grabmäler und Einsiedeleien machen eine sehr schickliche Verzierung in einem melancholischen

Garten aus. Man hat auch nicht selten von ihnen Gebrauch gemacht", sagt Hirschfeld 1782[123].

Glanzstück des Wäldchens war ein kleines „Bauernhaus", das Hermann Isaac von Aussem 1777 erbauen ließ — eine Wetterfahne verkündet heute noch: H.I.v.A. 1777. Wer in das Häuschen hineinschaute, erlebte eine Überraschung, er fand dort eine bäuerliche Hochzeitsgesellschaft beim frohen Feiern; jedoch — die festlich gekleidete Gesellschaft bestand aus lebensgroßen Wachsfiguren!

Über die Bepflanzung des Labyrinthes wissen wir wenig. Grundstock war ein bodenständiger Eichen-Hainbuchenwald, wie er heute noch im unteren Teil des Wäldchens zu erkennen ist. In einem Buch über Aachen (1808) heißt es vom Wäldchen: „Dieser Platz ist mit Bäumen verschiedener Arten bepflanzt, darunter immergrüne und Bäume, die angenehmen Schatten spenden. Dies regt die Seele zu wohlgefälligem Nachdenken an und vermittelt die Stimmung einer sanften Melancholie."[124] Tatsächlich zeigt eine alte Zeichnung, daß um den Monopteros ausschließlich Nadelhölzer, also „Immergrüne", gepflanzt waren.[125] In anderen Partien herrschte nach überlieferten Bildern der lichte Buschwald, wohl natürlichen Ursprungs. Aus späteren Stadtplänen ist zu erkennen, daß sich etliche Wege durch das Wäldchen schlängelten.

Die vorhin erwähnte „sanfte Melancholie" ist für uns Heutige ein schwer verständliches Gartenmotiv. Zu von Aussems Lebzeiten sah man diesen Begriff etwa im Sinne von William Shenstone († 1763), der großen Einfluß auf die Entwicklung des Landschaftsgartens in England genommen hatte. Er unterschied drei Hauptaspekte für den Park: das Erhabene, das Schöne und das Melancholische oder Nachdenkliche.[126] Und Hirschfeld trat für melancholische Parkpartien ein, weil sie am eindringlichsten auf den Besucher wirken. Er schrieb: „Wer sollte so wenig Philosoph oder Freund von sich selbst sein, der nicht in seinem ausgedehnten und heiteren Garten eine sanft-melancholische Gegend für sich erbauete?"[127]

Man hat später in der Aachener Lokalhistorie das Drimborner Wäldchen als „erstes Freilichtmuseum der Welt" bezeichnet[128], dagegen sprechen die Fakten der Gartengeschichte. Die Drimborner Anlage war typisch für die frühe Phase des englischen Gartenstils, der reichlich Staffage verwandte und damit eine Entwicklung übernahm, die schon im Rokokogarten eingesetzt hatte mit Pavillons, Einsiedeleien, Bauernhäuschen usw. Als erste englische Anlage von großem Umfang in Deutschland gilt der ab 1771 ausgebaute Park von Wörlitz bei Dessau. Er enthielt 37 Objekte und Staffagen. Die Ausgestaltung des Seifersdorfer Tals bei Dresden zu einem romantischen Park — ab 1781 — ließ nicht weniger als 44 „Gegenstände des Nachdenkens und der Empfindung"[129] entstehen. Die Parke in Hohenheim bei Stuttgart (ab 1774), in Wilhelmshöhe bei Kassel (ab 1766), in und um Weimar (in den 1770er und 1780er Jahren unter Mitwirkung Goethes entstanden) waren gesättigt mit Objekten dieser Art. Alle diese Stätten waren keine Freilichtmuseen, sondern Entfaltungen des Landschaftsgartens, getragen von einem neuen Gartenideal, das gleichzeitig entstand mit der literarischen Bewegung des „Sturm und Drang". Auch unser klei-

nes Drimborner Labyrinth entsprach mit seinen acht Objekten der damals allerneuesten Gartengestaltung; es war kein Museum, wenn auch einzelne Schaustücke musealen Charakter hatten.

Von besonderem Reiz ist ein Terminvergleich aller dieser Anlagen. Das erste greifbare Datum für Drimborn ist 1777 (Bau des Bauernhauses), eine Parkanlage muß also schon vorhanden gewesen sein. Da von Aussem 1772 sein Drimbornsches Erbe übernommen hatte, darf man als Beginn der Labyrinthanlage die Zeit um 1775 annehmen. Somit liegt diese in der ersten Welle der von England nach Deutschland kommenden Landschafts-Gartenkunst.

Wenn wir nun fragen, wie sich in jener Zeit in Aachen die Gartenkunst orientierte, stellen wir fest, daß sie noch dem Barock verhaftet war (z.B. die Gärten Kuhnen und Loevenich). Auch in den südlichen Niederlanden, in deren kulturellem Einflußgebiet Aachen lag, faßte der englische Garten nur zögernd Fuß. So entstand in Brüssel, damals Hauptstadt der österreichischen Niederlande, 1777 mit dem „Jardin autrichien" vor dem königlichen Schloß einer der ersten Volksgärten des Kontinents noch in streng barockem, regelmäßigem Stil!

Demnach scheint von Aussem der Vorkämpfer für den neuen Gartenstil in Aachen gewesen zu sein, so daß wir sein Labyrinth als einen Wendepunkt in der hiesigen Gartenentwicklung bezeichnen dürfen.

Das Interesse der Aachener und ihrer Kurgäste am Labyrinth war groß. Zusammen mit dem umfangreichen Kunst- und Naturalienkabinett von Aussems im Drimborner Herrenhaus wurde es gern aufgesucht, zumal man von hier aus einen prachtvollen Ausblick auf die weite Parklandschaft mit den Silhouetten von Aachen und Burtscheid genießen konnte.

Als Kaiser Franz I. von Österreich — ein leidenschaftlicher Gartenfreund und Gartenkenner — anläßlich des Monarchenkongresses 1818 in Aachen weilte, besuchte er Drimborn. Vom Dorf Forst aus, wohin er sich hatte fahren lassen, spazierte er durch eine lange Tannenallee zum Hause Drimborn. In sein Tagebuch notierte er ausführlich, was er in den Sammlungen von Aussems und im Wäldchen „voll kleiner hübscher Wege" sah. Über die Landschaft schrieb er: „Die Lage von Trimborn ist wie in einem Garten, die Aussicht gegen Aachen herrlich."[130] Stolz meldet die Stadt-Aachener Zeitung der Kaiser

Im Drimborner Wäldchen hat sich die Fassade des „Bauernhauses" von 1777 bis heute erhalten.

habe sich zwei Stunden in Drimborn aufgehalten und versprochen, wiederzukommen.

Von Aussem starb 1825, seine Sammlungen wurden nach England verkauft, sein Labyrinth vererbte sich an die Familie Scheibler, später an die Familie Sträter; sein Name starb also in Aachen aus. Dennoch sprach der Volksmund noch nach 100 Jahren von „Van Ußems Böschje"[131], ein Zeichen für die Volkstümlichkeit des kleinen Privatwäldchens.

Für diese Beliebtheit gibt es mehrere Gründe. Das Wäldchen entsprach dem romantischen Empfinden breiter Volkskreise über lange Zeit hinweg, auch noch als die Gartenkunst längst neue Wege gegangen war. Obwohl Privatbesitz, dürfte das Wäldchen leicht zugänglich gewesen sein, jedenfalls war es allgemein geöffnet, als das „Bauernhaus" ausgebaut und als Kaffeewirtschaft verpachtet wurde. Für Spaziergänger lag es im vorigen Jahrhundert keineswegs abseits; denn bevor der Stadtwald um 1880 erschlossen und „entdeckt" war, promenierte der Aachener üblicherweise in nördlicher und östlicher Richtung aus der Stadt hinaus: auf den Lousberg oder in Richtung Forst.

Der in Aachen geborene Maler Caspar Scheuren hatte in seiner Jugend 1823 ein Aquarell gemalt, auf dem man den Torbau und daneben eine dichte Pflanzung junger Fichten erkennt. Als Scheuren nach langer Abwesenheit 30 Jahre später das Wäldchen wiedersah, schrieb er in sein Tagebuch: „ . . . da ist ein Quodlibet von Geschmack und Ungeschmack in dichtem Tannenwald vereint, Hütten in aller idyllischen Art, Klausnerhütte mit dem Glöcklein auf dem bemoosten Dach, Pyramide und alte römische Opferaltäre, gotische Säulen und jonische Tempel . . ."[132]. Offenbar war das Labyrinth zu einem „Tannenwald" entartet und hatte den Genius loci verscheucht — ein früher Fall von „Verfichtung" (vergl. S. 49)! Das mag Scheuren als sensibler Künstler heftig empfunden haben, außerdem hatte sich der herrschende „Geschmack" stark verändert.

Inwieweit das Wachstum im Labyrinth später gebändigt wurde, wissen wir nicht, jedenfalls war das Wäldchen bei der Bevölkerung weiterhin höchst beliebt.

Ein Aachen-Führer aus dem Jahre 1860 schrieb über Drimborn:

„Dieser reizende und kühle Ort wird besonders im Sommer fleissig besucht. Die Gäste sitzen im Schatten seines Gehölzes, dessen feierliche Stille nur durch den Gesang der Vögel und das Plätschern des Wildbaches unterbrochen wird. Den Eingang zum Wäldchen bildet eine künstlich zusammengesetzte Ruine; einige römische Denkmäler und einen riesigen Steinsarg hat der frühere Besitzer hier aufstellen lassen. In der Waldhütte findet man Erfrischungen, und im Sommer das in Aachen beliebte Gericht aus weissem Käse bereitet, Mackei genannt."[133]

Unzählige Aachener — groß und klein — dürften sich am Drimborner Echo amüsiert haben, von dem es hieß:

„An dem aus gotischen Ruinen erbauten Eingang wird ein Echo laut, wenn man es gegen das gegenüber liegende Haus anruft."[134]

Trefflich beurteilte Fabrikant Albert Heusch das Wäldchen, das er 1906 gekauft hatte, in seiner Familiengeschichte:

„ . . . jenes noch heute von romantischem Dufte umwehte Fleckchen Erde, dessen Schönheit zu Ende des 18. Jahrhunderts und zu Anfang des 19. Jahrhunderts von allen vornehmen Kurgästen Aachens bewundert wurde, die gekommen waren, um die Kunstschätze des genialen Hermann Isaak von Außem (1744—1825) auf dem Gute Drimborn zu besichtigen . . ."[135]

Als die Stadt Aachen das Wäldchen um 1920 erwarb, begann ein trauriger Abstieg. In der herrschenden Kunstbeurteilung war kein Verständnis mehr für den Charme des frühen englischen Gartens vorhanden. Man richtete eine Kindertagesstätte im „Bauernhaus" ein, wegen angeblicher Baufälligkeit wurden Eremitage und Gewölbe des Römergrabes abgerissen, der hölzerne Monopteros verfiel, der römische Weihestein kam ins Bonner Landesmuseum. 1935 fiel sogar das Eingangstor aus gotischen Fragmenten der Spitzhacke zum Opfer, still beklagt von der Bevölkerung, die immer noch an „ihrem" Wäldchen hing. 1936 erneuerte man den Park und legte moderne breite Wege an: ein Stilbruch. Letzthin verlegte man den Beverbach, der sich früher durch Wiesen schlängelte, in ein künstliches Bett und beseitigte den Mühlgraben, der sich am unteren Rand des Wäldchens hingezogen und mit seinem murmelnden Wasser die Spaziergänger erfreut hatte.

Was blieb von der einstigen Idylle? Glücklicherweise erhielt sich die Fassade des „Bauernhauses" von 1777 im vorderen Teil der heutigen Gaststätte, der mächtige Römersarkophag ist noch da, nicht zu vergessen der Obelisk, den man beim „Enttrümmern" in einen Bombentrichter warf[136] und der wieder ausgegraben werden könnte. Stattliche alte Eichen und Reste des Naturwaldes im unteren Teil des Parks sind als noch lebende Zeugen des „Labyrinthes" anzusprechen.

Hier drängt sich der Gedanke auf, ob es nicht möglich wäre, die Altaachener Attraktion des Drimborner Wäldchens wieder zu beleben.

Zwischen der romantischen Gartenepoche, in der das „wilde" Labyrinth entstand, und unserem heutigen Garten, der zum „Naturgarten" tendiert, gibt es überraschende Parallelen. Gartendenkmalpflege und progressive Gartengestaltung könnten sich im Drimborner Wäldchen zusammenfinden und eine harmonische Anlage entstehen lassen, die kaum ihresgleichen hätte. Hierbei könnten sich naturnahe Motive entfalten mit wertvollen Pflanzen, die man in öffentlichen, ungeschützten Anlagen aus begreiflichen Gründen nicht verwenden kann. Zusammen mit dem Tierpark wäre ein Naturzentrum denkbar, in dessen Rahmen das Drimborner Labyrinth in zeitgemäßer Form der Bürgerschaft neu geschenkt würde.

Alte Gärten heute. *Im Waldpark Hirzpley haben sich Rhododendronsträucher im Laufe von 100 Jahren zu einem Dickicht entwickelt, das dem heutigen Gartenideal einer naturnahen Entfaltung entgegenkommt.* — *Weiteres auf Seite 122.*

Aachen unter französischer Herrschaft 1794—1814

Aachen erlebte im Jahr 1794 einen der tiefsten Einschnitte seiner Geschichte. Die Zeit der Freien Reichsstadt ging jäh zu Ende, als französische Revolutionstruppen einrückten und Aachen französisch wurde; Zug um Zug mußte die Stadt in das französische Reich hineinwachsen. Manches wirkte dabei erschreckend, schließlich aber zeigten sich für das zur Departementshauptstadt erhobene Aachen neue Perspektiven, wie sie bisher nicht denkbar gewesen waren. Ein Beispiel ist das öffentliche Grün. Hatte es in der reichsstädtischen Zeit nichts weiter als Baumpflanzungen in einigen Straßen und auf holperigen Stadtwällen gegeben, so waren jetzt plötzlich Pläne da, deren Großzügigkeit überraschte: der langgestreckte kahle Lousberg, jahrhundertelang als Schafweide genutzt, sollte nun ein weitläufiger englischer Waldpark werden, die Stadtgräben am Ostrand der Stadt, nahe am Kurviertel Komphausbadstraße, sollten sich als schmucke englische Promenaden präsentieren. Schnell begann man diese Pläne zu verwirklichen — welch ein Wandel!

Zur Information: Aachen wurde Hauptstadt des Rur-Departements, des „Département de la Roer". Dieses erstreckte sich über das große Gebiet von der Eifel bis zum Niederrhein und gliederte sich in die Arrondissements Aachen, Köln, Krefeld und Kleve. Chef des Departements war der Präfekt, er residierte in Aachen. Seine Hauptverwaltung war die Präfektur. Generalsekretär der Präfektur war Wilhelm Körfgen, ein Mann von großem Interesse für Gärten und Landesverschönerung; wir werden ihm in den Kapiteln „Pönitenten-Garten" und „Park Müsch" begegnen.

Gartenpraxis um 1800

Die neue Zeit wird uns bewußt, wenn wir für den Gartenbau ein Buch auswerten, das bezeichnend ist für die französische Ära mit ihrer rational-statistischen Überschau und ihrer kritischen Beurteilung des überkommenen Zustandes. Die „Statistique du Département de la Roer", verfaßt von dem französischen Staatsbeamten Anton Joseph Dorsch, erschienen im Jahre 1804, schildert Wirtschaft und Kultur des linksrheinischen Verwaltungsbezirks, des Rurdepartements. Das Buch ist eine Fundgrube für Angaben über die Aachener Gartenkultur, wie sie seit einem Jahrtausend gewachsen war; eingestreut sind kritische Bemerkungen aus der Sicht eines fortschrittsbewußten Franzosen.

Als das Buch erschien, hatte der Verfasser sechs Jahre lang das Gebiet studiert, mehrere Jahre war er in Aachen tätig gewesen. Er hat sich für gärtnerische, landwirtschaftliche und botanische Fragen besonders interessiert, so daß die entsprechenden Kapitel ausführlicher gerieten als die Abschnitte über die sonstigen Wirtschafts- und Kultur-Verhältnisse, wofür er sich im Vorwort entschuldigt. Obwohl seine Angaben für das ganze, landschaftlich sehr unterschiedliche Departement gelten, können wir sie als Spiegel der Aachener Verhältnisse betrachten; Ausnahmen erwähnt Dorsch ausdrücklich. — Es folgen Auszüge aus seiner Schrift in deutscher Übersetzung. Manche Bemerkung wird uns überraschen.

Die Gärten allgemein

„Die Gärten haben in den Gebieten, die den Niederlanden benachbart sind, einen befriedigenden Stand, ebenso in Düren, Jülich, Köln, Brühl usw., aber dennoch muß man sagen, daß der Gartenbau im größten Teil des Departements vernachlässigt ist. Die Durchschnitts-Gärtner hängen zu starr an ihrer alten Routine und beherrschen kaum den Obstbaum-Schnitt. Sie denken nicht daran, unsere guten Gartenbücher zu lesen, die ihnen eine Quelle der Aufklärung und Information sein könnten. Spaliere sind unbekannt, es sei denn in den Gärten der Städte, der Landgüter und Schlösser, die reichen Leuten gehören; dort kultiviert man Obstgehölze mit Sorgfalt. In den ehemaligen Klöstern verstand man sich auch darauf und hatte meist gute Gärtner; die Kapuziner und die Kartäuser waren dabei führend ... Die meisten Obstbäume stammen aus Frankreich, vor allem aus Baumschulen in Metz."[137]

Der Gemüsegarten um 1800

Dorsch nennt neben dem französischen und lateinischen Pflanzennamen auch die damals übliche deutsche Bezeichnung. Diese geben wir hier wieder, wenn nötig mit einer Erklärung in Klammern. „An Gemüse- und Gewürzpflanzen kultivieren wir: mehrere Sorten Kopfsalat, Endivien, Spinat, Dicke Bohnen, mehrere Sorten Erbsen, einige Arten Bohnen, vor allem Türken- oder Stangenbohnen und Strauchbohnen, Kukumern (Gurken), Rote Rüben, Scorzoneren (Schwarzwurzeln), Haberwurzeln (Tragopogon porrifolius, ein Wurzelgemüse, das heute aus unseren Gärten verschwunden ist), Sellerey, Petersilie, Wurzelpetersilie, Körbel (Kerbel), Knoblauch, Zwiebel rot und weiß, Schalotte, Breitlauch, Schnittlauch, Winterzwiebel Allium fistulosum, Sauerampfer Rumex acetosa, Spanischer Sauerampfer R. scutatus — er ist zarter als der vorgenannte und daher vorzuziehen" (es handelt sich um den Schildampfer, der am Rhein wild vorkommt, aus den heutigen Gärten aber verschwunden ist). Der Verfasser gibt sodann Hinweise zur Kultur von Rettich, Karotten und Bohnen. Den Anbau nahrhafter Erbsensorten empfiehlt er zugunsten der Armen im großen zu betreiben.[138] Von Kohlarten fand er in den Gärten und Feldern Rotkohl und Weißkohl — „letzterer wird zu Sauerkraut verarbeitet, das in Deutschland sehr geschätzt ist". „Das Departement produziert im Überfluß Krauskohl, Blumenkohl, Winterkohl, Würsching oder Savoyerkohl und Kohlraben".[139]

Er beobachtet bei den Bauern runde und längliche Kürbisse. Für die runden gibt er sogar ein Rezept an: „Man kocht einen Brei mit Milch und ein wenig geriebenem Käse und würzt mit Pfeffer. Die Samen enthalten einen süßen Mandelkern mit Haselnußgeschmack."[140] Er bedauert, daß hier keine Pastinaken, keine Melde, keine Hirse und kein Mais (!) gezogen werden.[141]

Vom Champignon sagt Dorsch: „Man kann ihn auch im Garten ziehen und erntet ihn dann fast während des ganzen Jahres."[142] Die Hobby-Champignon-Kultur, wie sie heute propagiert wird, ist also keinesfalls neu! Als Wildpflanze des Gebietes, die man in den Gärten kultivieren kann, nennt Dorsch die Rapunzel-Glockenblume, Campanula rapunculus, „eine zweijährige Pflanze mit langen Wurzeln. Man ißt sie im Frühling nebst den jungen Blättern als Salat; sie schmeckt süß und angenehm, anregend und erfrischend."[143] Die Rapunzel-Glockenblume war früher in der Umgebung Aachens auf Wiesen und Grasplätzen häufig, heute ist sie fast verschwunden. Unser Bild wurde 1982 südlich von Aachen aufgenommen.

Die Rapunzel-Glockenblume wurde früher als Gemüse angebaut.

Das Wort vom verlorenen Paradies kommt uns in den Sinn, wenn wir lesen, daß damals der Feldsalat wildwachsend zu ernten war und man ihn zu einer guten Salatspeise mit zarten Blättern von wilder Zichorie, Löwenzahn, Brunnenkresse und Rapunzel-Glockenblume mischen konnte.

Längst vergessen ist bei uns der Hopfenanbau. Dorsch konnte noch sagen: „Der Hopfen wird in der Umgebung der meisten Städte und Dörfer angebaut; denn der Wein gedeiht nicht in diesem Departement mit Ausnahme von Köln und der Gegend von Brühl; die Bevölkerung trinkt viel Bier, wie die alten Germanen und Gallier. der Hopfen gibt dem Getränk Bitterwürze und hilft, es zu konservieren. Der Hopfensamen wird gleich nach der Reife ausgesät. Seine jungen Triebe ergeben ein gutes Gemüse, aber man ißt es zu wenig. Der in der Gegend von Erkelenz und Straelen kultivierte Hopfen ist besonders geschätzt; das dort gebraute Bier ist sehr gut und sehr stark."[144]

Der Blumengarten

„Die Blumen, die im allgemeinen unsere Gärten verschönern, sind: Hyazinthen, Jonquillen, Tuberosen, verschiedene Lilien, Tulpen, Kaiserkronen, verschiedene Iris — darunter die herrliche, sehr seltene Iris susiana*, Ranunkeln, Aurikeln, Balsaminen, Astern (Callistephus chinensis), Goldlack, Levkojen, Nachtviolen, verschiedene Nelken, Märzveilchen — auch in gefüllter Form, Maiglöckchen, Stiefmütterchen, Margeriten, Reseda, niedrige und hohe Tagetes, Brennende Liebe, Ringelblume Calendula, Pfingstrosen, Kapuzinerkresse, Sonnenblumen, Jasmin, Flieder, Geißblatt, verschiedene Rosensorten usw."[145]

Die Aufzählung nennt — mit Ausnahme zweier Liebhaber-Pflanzen, der Tuberose und der Iris susiana — Blumen, die wir gewohnt sind als „Bauern-Blumen" zu bezeichnen. Ohne Zweifel ist aber hier die Flora aller Gärten, auch der städtischen, gemeint. Wir müssen uns vergegenwärtigen, daß die Gärten der Dörfer und der Städte sich erst im Laufe des vorigen Jahr-

hunderts auseinander entwickelt haben, als sich im städtischen Bereich der englische Stil durchsetzte und eine Fülle fremder Gewächse aus aller Herren Länder hereinkam. Der Bauer aber blieb beim Althergebrachten. Entsprechend verlief die Entwicklung der Gestaltungsform der Gärten (siehe Bemerkung zum Garten des Klosters St. Leonhard). Und noch eine Feststellung: in den Bildern jener Zeit enthält der Blumenstrauß meist die oben genannten Blüten, auch wenn er keineswegs ein „Bauernstrauß" sein sollte. Das kann man auf dem Gemälde der Kaiserin Josephine, der Gemahlin Napoleons, sehen. Das Bild hängt im Sitzungssaal des Aachener Rathauses und zeigt die Kaiserin vor der Aachener Stadtsilhouette. Im Vordergrund hat der Maler einen Blumenstrauß dargestellt, wohl anspielend auf das außerordentliche Interesse der Kaiserin für Gartenblumen. In diesem Strauß finden sich einige Blumen wieder, die Dorsch aufzählt. Man erkennt: Centifolien-Rose, Passions-Blume, Vergißmeinnicht, Aurikel, Flieder, Geflammte Tulpe, Glockenblume, Federmohn, Mimose, Jungfer im Grünen. (unser Bild)

Die Göttin Flora hatte ihre Gaben noch nicht streng getrennt für Bauern, Städter und Fürstlichkeiten, wie dies im vorigen Jahrhundert üblich wurde!

* Iris susiana, die „Dame in Trauer"; ihre Blüte ist fast weiß mit feinen schwarzbraunen Adern, „vergleichbar einer schönen Witwe, die unter ihrem Trauerflor ihre Holdseligkeit nicht verbergen kann" hieß es schon 1695. Das Zwiebelgewächs wurde um 1570 in Konstantinopel angebaut, von dort verbreitete es sich als Zierpflanze über Europa, auch heute ist es noch im Handel.

Ausschnitt aus dem nebenstehenden Portrait der Kaiserin Josephine von Frankreich: Ein Strauß aus Blumen, wie sie auch in Aachener Gärten oder Gewächshäusern blühten. Das Portrait wurde gemalt von Robert Lefèvre, Paris, und im Aachener Rathaus erstmals aufgestellt am 6. 12. 1807.

Heil- und Würzkräuter

Dorsch erwähnt, daß etliche Zierpflanzen auch medizinisch gebraucht werden: Goldlack, Veilchen, Maiglöckchen, Tagetes, Ringelblume, Pfingstrose, Kapuzinerkresse, Sonnenblume, Jasmin und Rose.[146] Er zählt heilkräftige Wildpflanzen aus unserem Gebiet auf wie Baldrian, Arnika, Fingerhut. Als Pflanzen, die in Gärten kultiviert werden, nennt er: Meisterwurzel, Angelica, Liebstöckel, Alant, Raute, Wermut, Beifuß, Eberraute (Artemisia abrotanum), Estragon, Salbei, Krause Minze, Pfefferminze, Melisse, Rosmarin (Topfkultur, weil nicht winterhart), Lavendel, Thymian, Bohnenkraut, Basilicum, Majoran, Fenchel, Dill, Anis, Cichorien (Cichorium intybus, im großen angebaut, die gerösteten Wurzeln dienten als Kaffee-Ersatz), Gartenkresse, Meerrettich, Radies, Radix tardif weiß und rötlich, Schwarzer Rettich, Mutterkraut, Reinfarn, Benediktenkraut. Überraschend steht in dieser Liste die Haselwurz, Asarum europaeum, die wir heute nur im Ziergarten verwenden, die aber damals im Aachener Departement angebaut wurde, um ihre Wurzeln als Tierarzneimittel zur Verfügung zu haben. Wie Dorsch bemerkt, hatten sich zwei bekannte Ärzte dafür eingesetzt, dieses Medikament in die Humanmedizin einzuführen (Brechmittel).[147]

Ein ernstes Problem waren die Zusätze zu Bier und Wein. Im Aachener Gebiet zog man offenbar eine südländische Salbei-Art, die „Sclarei", Salvia sclarea, eine schöne meterhohe Pflanze: „Sie steigert die berauschende Wirkung des Biers; dem Weißwein als Kaltaufguß zugesetzt, verleiht sie Muskatgeschmack". Diese Zusätze scheinen noch als tragbar empfunden zu sein, aber Dorsch meint, die Brauer sollten auf noch stärker wirkende narkotische Pflanzen verzichten, vor allem auf das Gemisch „Drêche d'Aix-la-Chapelle, A a c h e n e r M a l z, eine sehr giftige, gesetzlich verbotene Droge. Diese Tatsache verdient die Wachsamkeit und die Sorgfalt der Polizei; denn der häufige und dauernde Genuß dieser Narkotika hat schlimme Folgen für die Gesundheit. Wer Getränke auf diese Weise verfälscht, verdient als öffentlicher Giftmischer exemplarische Bestrafung."[148]

Das Obst

Eingehend beurteilt Dorsch den Obstbau des Departements und meint, man könne höhere Erträge erreichen, wenn die Gartenbesitzer mehr Sorgfalt walten ließen. Er führt 37 Birnensorten an, die allgemein verbreitet seien und sich für die Gartenkultur empfählen. Als beste Apfelsorten folgen 41 Namen. Eingehend werden behandelt die Apfel- und Birnquitten, die Süß- und Sauerkirschen, verschiedene Pflaumen, Aprikosen, Pfirsiche, Haselnüsse, Mispeln, auch Kornelkirschen, von denen es Kulturformen mit gelben, weißen und dunkelroten Früchten gab; schließlich empfiehlt er zur Hagebutten-Gewinnung Rosa villosa anzubauen; nach den ersten Frösten gepflückt, läßt sich aus ihren Früchten ein Mus bereiten. Die von Dorsch genannten Beerenobst-Arten decken sich mit unserem heutigen Sortiment. Über die Erdbeeren sagt er: „In unseren Gärten wachsen rote, weiße, runde und längliche Erdbeeren, bisweilen haben sie die Größe einer Mispel. Größe und Geschmack hängen sehr von der Qualität des Bodens, der Kultur und der Sonnenlage ab."

*

Nach den Angaben von Dorsch können wir uns ein Urteil über den damaligen Gartenbau erlauben:

1. er war überaus vielfältig und bunt; man kannte noch keine Sortenbeschränkung, es gab nicht die strenge Rationalisierung im Anbau von Pflanzen, wie wir sie kennen;

2. für medizinische Zwecke mußte der Garten liefern, was heute die chemische Industrie produziert;

3. es gab noch keine Obst- und Gemüse-Einfuhr aus südlichen Ländern, dafür aber ein vielfältigeres Angebot aus heimischer Erde (man vergleiche die vorerwähnte Vielzahl der Apfel- und Birnensorten mit dem heutigen Einheitsangebot!);

4. Qualitative Begriffe wie Geschmack und Duft sowie biologische und gestalterische Harmonie (man denke an den „Bauerngarten") waren eine Selbstverständlichkeit für die Ziele der Gartenkultur, während heute die Quantität, das „Gemachte", gegenüber dem „Gewachsenen" Vorrang hat.

Und außerdem:

5. es gab in der Bevölkerung verhältnismäßig wohl mehr handwerklich-gärtnerisches Können als heute, weil bäuerliche Tradition auch in der Stadt noch spürbar war;

6. man hatte sicherlich mehr Zeit für den Garten, gleichgültig ob man sie haben m u ß t e , um die eigene Nahrung aufzubessern, oder ob man sie haben w o l l t e ; denn man wurde nicht durch eine Unmenge sich anbietender Attraktivitäten abgelenkt.

So hat der Garten damals wohl eine wesentlich größere Bedeutung als heute gehabt.

Der Pönitenten-Garten

In der französischen Zeit erschien ein Fremdenführer von Aachen, in dem viele kulturgeschichtliche Informationen zu finden sind, auch über das Grün in und um Aachen (J.-B. Poissenot, Coup d'oeil historique et statistique sur la ville d'Aix-la-Chapelle et ses environs. Aachen 1808). Über Aachener Gärten ist dort zu lesen (S. 263): „Es gibt in der Stadt große und schöne Privatgärten, unter anderem den Garten des Herrn Ignaz van Houtem und den Garten des ehemaligen Pönitenten-Klosters in der Adalbertstraße. In diesem letzteren Garten pflegte Seine Majestät der König von Holland während seines Aachener Aufenthaltes zu promenieren. Dieser Garten ist der Initiative des Herrn Körfgen zu verdanken, des Generalsekretärs der Präfektur. Obgleich der Garten nicht öffentlich ist, führt man gern Fremde hinein, wenn sie ihn besichtigen wollen".

Befassen wir uns zunächst mit diesem Garten!
Er hat eine lange Geschichte. Als im Jahre 1656 sechs Nonnen aus Belgien in der Adalbertstraße das Pönitenten-Kloster einrichteten[149], dürfte auch ein größerer Garten vorhanden gewesen sein; denn Gartenland war als Nahrungsgrundlage für ein Kloster notwendig. In dieser Funktion wird im Jahre 1712 der Garten in einer Eingabe an den Stadtrat erwähnt, in der das Kloster bittet, eine Grenzmauer bauen zu dürfen, weil Obst und Gemüse aus dem Klostergarten gestohlen würden.[150]

In den 1950er Jahren wurde der letzte Rest des Gartens fortgebaggert, um Aachens erstes Parkhaus an der Peterstraße/Blondelstraße zu errichten. Aus den drei Jahrhunderten zwischen Klostergründung und Parkhaus-Bau sind zwar nur wenige, aber doch bemerkenswerte Nachrichten über den Garten auf uns gekommen.

Das Kloster lag, von der Stadtmitte aus gesehen, auf der linken Seite der Adalbertstraße, dort wo heute die „Kaufhalle" steht. Die Pönitenten unterhielten eine Töchterschule mit Pensionat, im 18. Jahrhundert war der Umfang ihres Gebäudekomplexes beträchtlich. Nach der Säkularisierung 1802 richtete die französische Verwaltung in einem Teil des Gebäudes das Archiv des Rurdepartements ein[151]. Dort war damals Wilhelm Körfgen als Archivar tätig[152], ein Mann, über dessen großes Engagement für Garten- und Landschaftsgestaltung noch zu sprechen sein wird. Es lag deshalb nahe, daß Körfgen den alten Klostergarten hinter seinem Dienstsitz nicht verfallen ließ, sondern ihn zum Promenieren einrichtete, zumal der Kapuzinergarten und der Garten des Vogtmajors von Geyr — wie wir gesehen haben — als Kurpromenaden nicht mehr zur Verfügung standen. Körfgen schuf also einen neuen Kurgarten-Ersatz!

Anscheinend hat er den Kloster-Nutzgarten nach ästhetischen Gesichtspunkten vortrefflich umgestaltet, so daß die Anlage in dem genannten Aachen-Buch hervorgehoben und einem König zum Promenieren angeboten werden konnte. Es handelte sich um König Louis von Holland, einen Bruder Napoleons, der wegen eines schweren Gichtleidens mit seiner Gemahlin Hortense 1806 und 1812 in Aachen zur Kur weilte[153]. Körfgen wurde 1804 durch Dekret Napoleons zum Generalsekretär des Rurdepartements ernannt und behielt diesen wichtigen Posten bis zum Ende der französischen Herrschaft[154].

Noch in der französischen Zeit kam der Garten in private Hand. 1812 erwarb Anna Brigitte von Fürth, Ehefrau des Präfekturrates Freiherrn Joseph von Fürth die Archivgebäude und den großen Garten, wofür sie der Präfektur 21 000 Franken zahlte. Körfgen verpflichtete sich, das Archiv termingemäß räumen zu lassen[155]. Nach dem Stadtplan, der 1820 aufgrund der ersten Katasterkarten gezeichnet worden war[156], maß der fast quadratische Garten etwa 3000 Quadratmeter.

In der preußischen Zeit wurde Joseph von Fürth Landrat in Geilenkirchen und verzog mit seiner Familie dorthin. Seine Frau verkaufte ihren Besitz in der Adalbertstraße an den Tuchfabrikanten Johann Heinrich Kesselkaul, der seine Fabrik und seine Wohnung hierher verlegte (1825)[157]. Kaufpreis: 16 000 Taler. Im notariellen Akt ist die Rede von einem Haus „samt Auffahrt, Remise, Hof, großem Garten mit einem Bade darin, auf die Vehlsgasse ausgehend". Ein Gartenbad war damals völlig ungewöhnlich, leider war nichts Näheres über dieses Kuriosum zu erfahren;

das Bad könnte vom Johannisbach, der das Grundstück durchfließt, gespeist worden sein. Der Garten grenzte an die Vehlsgasse (später Steinstraße genannt) und hatte dort einen Ausgang, was für den Transport von Gartenmaterial praktisch war.

Das Wohnhaus an der Adalbertstraße hatte fast 50 Räume. Auf dem Hintergelände entstanden Fabrikgebäude, die den Hof- und Gartenraum erheblich einengten. Über die großen baulichen Veränderungen hieß es 1837: „Dieses Kloster ist mit seiner Kirche zu unserer Zeit in schöne Häuser und Manufakturgebäude umgewandelt, so daß weder Kirche noch Kloster mehr zu sehen sind"[158]. Aber der Garten bestand weiter, wenngleich er allmählich auf 1800 qm geschrumpft war.[159]

Ab 1855 wurde die Tuchfabrik in die Krakaustraße verlegt, doch blieb das Anwesen in der Adalbertstraße im Besitz der Familie Kesselkaul. Sie wohnte dort noch längere Zeit und hat den Garten sicherlich geschätzt, zumal sie ihren großen Sommersitz in der Soers (s. S. 74) 1845 aufgeben mußte.

Gegen Ende des Jahrhunderts ging das Anwesen auf den Rentner Wilhelm Kaulhausen über; er nahm große Umbauten vor[160]. Der Garten war mit etwa 1500 qm immerhin noch groß genug, um in ihm ein reizvolles Wohnhaus im Villen-Stil zu errichten (um 1898)[161]. Fünf Jahrzehnte lang empfand der Gast, der aus der menschenüberfluteten Adalbertstraße durch einen Torweg in den „englischen Miniaturpark" mit seinem hübschen Landhaus vordrang, diese grüne Idylle als einzigartige Überraschung.

Eberhard Quadflieg schrieb 1953 über „das Landhaus in der Großstadt": „Ein mächtiger, wohl 150 Jahre alter Buchenrecke, frühlingsfrisches Blattgrün, das in der Sonne leuchtet, Schatten und Lichtkringel über dem Gras — ein kleiner Park liegt da mitten zwischen Baustellen, Ruinen-Brandmauern und Gartenzäunen. Die Buche breitet ihre Äste weit zu dem Landhaus hin, das an der einen Breitseite liegt. Zwei Flügel streckt dieses Haus vor, dazwischen sind von Doppelsäulen gestützte und von Eisengittern abgeschlossene Terrassen . . . Rechts vom Haus liegt eine kleine künstliche Anschüttung, bekrönt von einem Monopteros, wie sie Aachens Gartenarchitekten einstmals so gern schufen: ein Rundtempelchen, dessen Holzsäulen eine spätere Zeit mit Backsteinmauern verband und dadurch eine Art Kapellchen schuf"[162].

Möglicherweise hatte schon Körfgen den Monopteros zur Verschönerung des alten Klostergartens bauen lassen, denn um 1800 war die hohe Zeit dieser kleinen Gartentempel (von 1816 bis zum Zweiten Weltkrieg bekrönte ein Monopteros auch den Lousberg).

Quadflieg hatte angeregt, das Idyll in der Adalbertstraße zu erhalten, doch schon bald riß der Bagger alles fort. Hier entstand das Parkhaus Peterstraße/Blondelstraße. Wie ein Vergleich der Pläne zeigt, hatte das „Landhaus" genau in der Mitte des heutigen Parkhauses gestanden.[163]

An der Gartentreppe des „Landhauses" hatte der Grabstein der Gründerin des Aachener Pönitenten-Klosters gelegen, der „wohlehrwürdigen Theresia a sancta Anna, geb. Goltstein von Breil". Der Stein wurde zum Museum Burg Frankenberg gebracht[164]. Fast genau 300 Jahre waren seit der Klostergründung vergangen.

Der Garten van Houtem / Lochner

Der andere Garten, den Poissenot in seiner Schrift über Aachen als „groß und schön" herausgestellt hat, gehörte Ignaz van Houtem. Er lag am Karlsgraben und war eingebettet in das weite unbebaute Gelände zwischen dem Karlsgraben und der Stadtmauer an der heutigen Junkerstraße. Hier hatte sich ein Stück Landschaft innerhalb der Stadt mit Wiesen und Gärten erhalten, durchflossen vom Johannisbach mit einer Mühle und großem Mühlteich, westlich abgeschlossen durch die Stadtmauer, die sich bis zum Langen Turm hoch hinaufzog. In diesem Winkel mit Blick über die Dächer der Stadt ließ sich gut wohnen! Der 60 Jahre später erschienene Rappard'sche Plan zeigt noch die alte Geländesituation. Der Garten, inzwischen im englischen Stil umgewandelt, trägt im Plan den Namen des Besitznachfolgers Lochner.

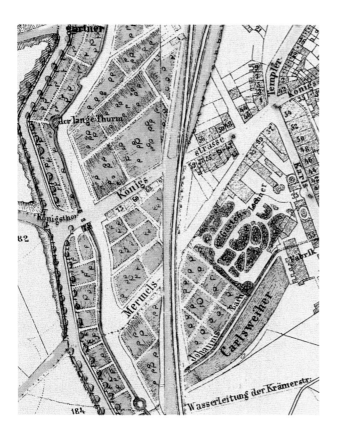

Haus und Garten haben eine weit zurückreichende Tradition. Ursprünglich waren sie im Besitz des holländischen Reitergenerals Freiherrn Berghe von Trips, der hier seinen Alterssitz genommen hatte. Sein Wohnhaus hatte den Namen „Eysser Haus", möglicherweise benannt nach der Herrschaft Eys in niederländisch Limburg, mit der Mitglieder der Familie Berghe von Trips einst belehnt waren[165].

In der schillernden Barockzeit, als Aachen das Bad der großen Welt Europas war, schlugen auch im Eysser Haus die Wogen des gesellschaftlichen Lebens hoch, Kurgäste aus hohen und höchsten Kreisen Europas waren hier zu Gast[166]. Zu einem derart repräsentativen Haus gehörte üblicherweise ein entsprechender Garten. Leider sind von diesem Garten — wie von fast allen Altaachener Gärten — keine Bilder, Pläne oder Beschreibungen überliefert, um so mehr mag uns das Lebensbild seines Gärtners willkommen sein, das typisch für die Zeit war, in der Gärtner lehrreiche Wanderjahre zurücklegten, bevor sie sich endgültig niederließen.

Es war Johann Adam Wolfinger, der etwa von 1760 bis 1773 den Garten des Eysser Hauses betreut hat.

Wolfinger schildert seinen Lebenslauf in einer Eingabe an den Aachener Rat zur Erlangung des Bürgerrechts[167] und sagt, er sei in Dachau in Böhmen geboren, habe im Groß-Collowratischen Garten zu Reichenau in Böhmen vom 3. 9. 1753 bis 3. 9. 1756 die „Gärtner-Kunst" erlernt, habe dann als Kunstgärtner im kurfürstlich bayerischen Garten zu München gedient, sei alsdann von General von Trips nach Aachen verpflichtet worden, um „dessen damals ruinierte Orangerie zu retablieren". Er habe „beständig in dessen dahier auf'm Graben gelegener Behausung den Garten versehen".

Eine Orangerie war damals ein Höhepunkt der Gartenkultur. Für die Umgebung des Eysser Hauses dürfen wir uns einen regelmäßigen Barockgarten vorstellen, in dem Wolfinger Obergärtner war.

Vom böhmischen Gärtner Wolfinger wissen wir dann noch, daß er die beim General tätige Dienstmagd Marie Gertrud Steinmetzer geheiratet und mit ihr vier Kinder gezeugt hat. Nach dem Tod des Generals hat

Das Prunktor Karlsgraben Nr. 55: Einfahrt zum Garten van Houtem/Lochner.

er sich selbständig gemacht und den in der Nähe gelegenen Kleinen Bärenhof gepachtet.

Der General starb 1773. Bald danach verkaufte die Witwe das Eysser Haus an den Tuchhersteller Heinrich van Houtem[168]. Er ließ das Haus erweitern und verschönern. Für die Zufahrt vom Karlsgraben durch den Garten zum erhöht gelegenen Haus entstand in den 1770er Jahren ein mächtiges Prunktor, das heute noch erhalten ist (Karlsgraben Nr. 55); es wird dem

Baumeister Joseph Moretti zugeschrieben[169]. Seit der letzten Jahrhundertwende flankieren nüchterne Mietshäuser das Tor, ursprünglich schlossen sich an beiden Seiten Gartenmauern an, die in Pavillons endeten (auf dem Rappard'schen Plan noch zu erkennen) — ein reizvoller Architektur-Effekt!

In Aachen galt damals das Haus van Houtem als eins der größten und schönsten[168], ein Urteil, das wohl auch auf den Garten zutraf.

Anschließend an den Garten lag am Johannisbach van Houtems Tuchfabrik, zwischen ihr und der Stadtmauer dehnten sich „Rahmenbenden" aus, Wiesen, auf denen Tuchrahmen standen, Vorrichtungen zum Spannen und Trocknen der langen Tuchbahnen.

Nach dem Tode von Heinrich van Houtem übernahm 1789 sein Sohn Ignaz im Alter von 25 Jahren das Eysser Haus und die Fabrik. Bald ist er eine maßgebliche Persönlichkeit in der Stadt, seine Fabrik entwickelt sich mit 292 Arbeitern (1810) zu einem der größten Aachener Unternehmen, und die französische Verwaltung beruft ihn in mehrere öffentliche Ämter.

Im Jahre 1804 fand auf seinem Gelände ein glanzvolles Ereignis statt: Napoleon hatte sich zu einem Besuch seines Hauses und seiner Fabrik angesagt! Der französische Kaiser weilte damals 10 Tage in Aachen, umjubelt von der Bevölkerung; denn man sah in ihm den Heros einer neuen Zeit. Auf wirtschaftlichem Gebiet fühlte man sich befreit von den überalterten Zunftordnungen der reichsstädtischen Zeit und vom Chaos der Revolutionsjahre; unter dem Zauberwort „Gewerbefreiheit" durften sich nun auch in Aachen moderne Fabrikbetriebe entfalten, die hoffen ließen, die erschreckend hohe Arbeitslosigkeit abzubauen.

Napoleon schätzte Aachen als die Stadt seines „Vorgängers" Charlemagne, Karls des Großen, und förderte sie vielfältig, insbesondere ihre Tuchmanufaktur, als einen willkommenen Zuwachs des französischen Wirtschaftspotentials. — Vor diesem Hintergrund ist der kaiserliche Besuch bei van Houtem zu sehen.

Über den Besuch liegt ein Augenzeugenbericht vor, dem wir hier folgen[168].

Am Nachmittag des 7. September 1804 ritt der Kaiser mit seinem gesamten Generalstab zum Karlsgraben, zwei Schwadronen Husaren formierten sich auf der ganzen Länge des Karlsgrabens in Paradeaufstellung. „Unter einem gewaltigen Lärm von Vivatrufen aus den Fenstern der Arbeiter und einer im Garten aufgestellten zahlreichen Türkischen Musik" kam Napoleon durch das Prunktor auf den Hof des Eysser Hauses, wo ihn van Houtem mit seiner Frau und seinen acht Kindern begrüßte. Dann führte der Hausherr den Kaiser und die Generalität in den Saal des Hauses. In Haus und Garten dürfte es eng gewesen sein; denn an die tausend Menschen hatten sich hereingedrängt.

Sodann führte man die Gäste in den Garten. Während hinter der Stadtmauer die Böller dröhnten, wurde Napoleon zu einem Thron geleitet. Von dort bot sich ihm ein überraschender Anblick: auf den Wiesen, die zur Stadtmauer hin anstiegen, waren Tuchrahmen mit Stoffen in den schönsten Farben bespannt. Wenn man an die vielen lebhaften Farbtöne denkt, die in der Zeit des Empire Mode waren — ziegelrot, moosgrün, veilchenblau usw. —, ahnt man, welch ein überwältigendes Farbenspiel auf den Benden van Houtems geboten wurde. Eine eindrucksvollere Präsentation des Aachener Tuchs hat es wohl nie gegeben! Und wenn man sich die unzähligen, festlich gestimmten Menschen in van Houtems Gartengelände vorstellt, darf man wohl vermuten, daß nie eine glanzvollere Garten-Party in Aachen stattgefunden hat!

Anschließend besichtigte Napoleon die Fabrik bis zum Speicher mit aller Genauigkeit. „Alle Werkstätten waren mit Blumen tapeziert." Der Besuch dauerte zwei Stunden. Unterdeß machten Außenminister Talleyrand und mehrere Generäle der Frau des Hauses ihre Aufwartung. „Den folgenden Tag ließ der Kaiser sämtliche Arbeiter ohne Ausnahme mit einer ansehnlichen Summe Geldes beschenken, und Bucholz, als ältester Meisterknecht erhielt eine Pension von 250 Franken lebenslänglich."

Ignaz van Houtem starb schon mit 48 Jahren an der Schwindsucht (1812), seine tatkräftige Witwe verstand es, bis zu ihrem Tode (1839) die Fabrik erfolgreich weiterzuführen. In der nächsten Generation war Unternehmertalent jedoch nicht mehr vorhanden. 1857 kaufte Johann Friedrich Lochner das Eysser Haus und die Fabrik. Das Eysser Haus wurde nun zur „Villa Lochner", der Garten maß etwa 2300 qm.

Ende der 1870er Jahre geschahen große Veränderungen. J. F. Lochners Sohn Emil legte quer durch den Garten und die einstigen Rahmenbenden die Mauerstraße an, der Johannisbach verschwand von der Oberfläche, der große Teich wurde zugeschüttet, hier entstand die Lochnerstraße. Wohl als Ausgleich für diesen Verlust an grüner Freifläche unterstützte Lochner später die Anlage des zoologischen Gartens, des heutigen Westparks. An der Lochnerstraße baute er für die Tuchfabrik ein neues Gebäude im Burgenstil mit Türmen und Zinnen. Die Fabrik arbeitete bis zum Ersten Weltkrieg, heute beherbergt ihr Bau ein Institut der Technischen Hochschule. Die Villa Loch-

Eine Stätte alter Gartenkultur zerfällt: die Villa Lochner in den 1920er Jahren.

ner wurde um 1930 an den Reichsfiskus verkauft. Die Hochschule richtete dort das Institut für Gesteins- und Hüttenkunde ein. Unser Foto aus jener Zeit zeigt die Villa Lochner; von den Gartenanlagen ist nur noch die einst beschnittene Allee, die zum Prunktor am Karlsgraben führte, nebst zwei Statuen zu erkennen.

Dem verbliebenen Restgelände des Gartens sollte eine gärtnerische Auferstehung beschieden sein: Hier legte der Leiter des botanischen Instituts der RWTH, Professor Dr. A. Th. Czaja einen botanischen Garten an, der bis in die Zeit nach dem Zweiten Weltkrieg der Lehre und der Forschung dieses rührigen, durch Spezialarbeiten weithin bekannten Botanikers gedient hat. Nachdem der botanische Garten in den 1950er Jahren zur Melatener Straße verlegt worden war, schwand fast alles Grün an der Villa Lochner dahin. Heute erinnern nur noch wenige Quadratmeter Rasenfläche zwischen den Institutsbauten an die Gartenkultur, die hier zwei Jahrhunderte lang geblüht hatte.

Der Robensgarten

Als Aachen Heilbad von europäischem Rang war — etwa zwischen den Jahren 1670 und 1850 —, besaß es noch keinen Kurgarten, der zum ungestörten Promenieren und als Treffpunkt der Kurgäste dienen konnte. Immerhin gab es, wie bereits geschildert, einen gewissen Ersatz durch den Kapuzinergarten, den Geyr'schen Garten und den Pönitentengarten. In den Jahren nach 1800 verschlechterte sich diese Situation, als das Kapuzinerkloster abgerissen und sein Garten verpachtet wurde, als Vogtmajor von Geyr emigrierte und sein Anwesen verkam, als der Pönitentengarten in private Hand überging.

Just im rechten Zeitpunkt und am rechten Ort entstand durch Privatinitiative ein Ausgleich: der Robensgarten. Er war Privatgarten, öffentlicher Garten und Kaffeegarten zugleich!

Sein Gründer, Arnold Robens, geboren 1758 in Düren, war Sekretär der Ritterschaft von Jülich und Berg sowie Legationssekretär beim Vogtmajor in Aachen gewesen. Als die Franzosen einmarschierten und die politische Landkarte veränderten, wurde seine Tätigkeit hinfällig. Er heiratete Therese Finken, deren Vater das bestrenommierte Hotel „Au Dragon d'or" („Zum güldnen Drachen") auf der Komphausbadstraße besaß.

Schon mit 34 Jahren konnte Robens es sich leisten zu privatisieren und sich ganz seinen Neigungen hinzugeben. So verfaßte er einige Schriften über die rheinischen Ritterfamilien und ihre Wappen und legte einen sehr großen Garten an, eben den „Robensgarten", der unter diesem Namen bald in aller Munde war. [170]

Robens hatte am „Kölnsteinweg", der heutigen Jülicher Straße, Gartengelände geerbt, das er durch Zukauf umliegender Parzellen vergrößerte, so daß sich ein zusammenhängendes Areal innerhalb folgender Grenzen ergab (heutige Bezeichnungen): Jülicher Straße — Paßstraße — Weg vom Grünflächenamt in Richtung Monheimsallee — alter evangelischer Friedhof. [171] Dieses Gebiet war größer als der heutige Westpark, hatte also für einen „Garten" eine enorme Ausdehnung. Wir würden heute von einem Park sprechen.

Auf diesem Gelände stand ein kleines Anwesen, Voetzen-Häuschen genannt, einst Eigentum der Familie von Voetz aus dem Jülicher Land, das als Schankwirtschaft verpachtet war. [172] Die Familie Robens übernahm es, baute es als Kaffeehaus mit zwei Sälen sowie mehreren Kabinetten großzügig aus und hatte damit großen Erfolg. In den Fremdenführern war bald zu lesen, daß man im Robenshaus „immer gute Gesellschaft trifft" — es war Treffpunkt der Kurgäste geworden. Auch für breite Kreise der Aachener Bürgerschaft war Robens' Haus ein beliebtes Ziel. „Kaffeewirtin" Elisabeth Robens, die Schwester von Arnold Robens, führte hier jahrzehntelang das Regiment.

Die Lage von Robenshaus und Robensgarten war äußerst günstig. Vom damaligen Kurzentrum, der Komphausbadstraße, war das Kölntor am heutigen Hansemannplatz der nächste Ausgang aus der Stadt ins Grüne. Am Tor begann die freie Landschaft, und gleich hier am Kölnsteinweg lag das Reich von Arnold Robens. Unser Bild zeigt links das in der französischen Zeit neu erbaute Kölntor, „Barriere" genannt, rechts das Kaffeehaus und in der Mitte eine elegante Toranlage, den Eingang zum Robensgarten. Der Kölnsteinweg verläuft vom Tor aus zwischen Robenshaus und dem Kappesfeld im Vordergrund.

Der Garten stieg vom Kölnsteinweg aus allmählich an. Im oberen Teil bot sich ein herrlicher Ausblick. Rechts sah man einen Teil von Aachen hinter seiner Stadtmauer, im Hintergrund ragten die beiden Kirchen Burtscheids aus grünen Hügeln hervor. Im Vordergrund breitete sich die Niederung aus, durch die der Wurmbach und seine Mühlgräben in Schlangenlinien flossen. Man erkannte die Adalbertskirche auf hohem Fels, in ihrer Nähe die Schervielsburg mit drei Fischteichen, man erkannte die romantische Ruine der Frankenburg und ganz links das Schloß Kalkofen. Man sah Mühlen und Bauernhöfe, gerahmt von ihren Gärten, dazwischen üppige Wiesen und Felder, zahlreiche Weiher, ein Netzwerk von Hecken und in der blauen Ferne die Silhouette der Aachener Waldberge. Rings um Aachen lag diese bunte Parklandschaft, aber nirgends war sie so konzentriert in einem

Links der Neubau des Kölntors in der französischen Zeit, rechts das Robenshaus. Aquarell aus der Zeit um 1800.

Ausschnitt zu genießen wie vom Robensgarten aus. Leider besitzen wir keinen Plan und kein Bild der Gartenanlage, jedoch verraten zeitgenössische Stimmen manche Einzelheiten, aus denen sich das Bild eines trefflich bestellten englischen Gartens ergibt. Einige Zitate aus Fremdenführern und Aachen-Büchern mögen dies dartun.

Die früheste Nachricht erfahren wir aus dem schon erwähnten Buch von Poissenot (1808): „Das erste Haus vor dem Kölntor ist Haus Robens, benannt nach seinem Besitzer ... Zum Haus gehört ein außerordentlich weiter Garten, geschmackvoll eingeteilt, gut gepflegt, bepflanzt mit einer großen Zahl duftender Sträucher. Von hier aus hat man eine sehr schöne Aussicht."[173]

Aus dem Jahr 1818: „Der Eigentümer dieses weitläufigen, schönen, anmutigen, mit Arkaden versehenen Gebäudes, hinter welchem sich ein 13 Morgen[174] großer Garten gleich einem Amphitheater erhebt, ist Herr A. Robens, aus dem goldenen Drachen, Selbstschöpfer dieser romantischen, häufigst zu allen

Jahreszeiten besuchten Anlage. Der Garten wechselt in mannichfaltigen Naturscenen ab, welche der Besitzer nach seinem Genie eigenen Planen geordnet, und somit dem Publikum zum immerwährenden Genusse geopfert hat, wofür ihm dasselbe ewig Dank wissen wird. Diese gleichsam aus einem Nichts herausgezauberte Anstalt hat vor allen andern den Vorzug, daß sie an der Haupt-Landstraße und zwar ganz nahe an der Stadt liegt, folglich der Freund des ländlichen Aufenthaltes sich weder einem weiten Wege, noch dem Ungemache der Witterung, um schnell zum vollsten Naturgenusse zu gelangen, Preis zu geben, vonnöten hat."[175]

Christian Quix erwähnt 1818 „das nach seinem Besitzer so genannte Robens-Haus mit seinem weitschichtigen, gut angelegten Garten, wo man immer gute Gesellschaft antrifft."[176]

Aus einem Stadtführer des Jahres 1825 über den Robensgarten: „Das Wohnhaus und die Säle liegen an der Straße, der Garten aber zum Teil auf einem sanften Abhang, auf dessen Spitze man eine sehr schöne

Aussicht hat; er ist groß und gut eingerichtet. Niedliche Boskette gewähren bei der Sommerhitze einen lieblichen Schatten, und die Säle Schutz bei schlechtem Wetter. Hier versammelt sich die schöne Welt in der angenehmen Jahreszeit. Vorzüglich ist dieser Garten ein Lieblingsort für Familienmütter, die ihre Kinder hier in völliger Freiheit können herumgehen lassen."[177]

Ein französisches Handbuch für Badegäste empfiehlt 1834 den Robensgarten als Promenade bei Sommerhitze, weil er so nahe bei der Stadt liege und erfrischenden Schatten spende.[178]

Dieser „erfrischende Schatten" wird nicht zuletzt alten Bäumen zu verdanken gewesen sein, welche die Grenzen des Gartens markierten. Vielleicht sind die mächtigen Bäume am Verbindungsweg zwischen Grünflächenamt und Monheimsallee letzte Zeugen der Robens'schen Gartenherrlichkeit!

Die Bedeutung des Robensgartens als ruhige, störungsfreie Promenade geht auch aus Briefen hervor, die ein in der Schlacht von Waterloo verwundeter preußischer Offizier von Aachen aus, wo er ärztlich gepflegt wurde, in seine schlesische Heimat geschickt hatte. Er war am Marktplatz einquartiert. Als die Genesung fortschritt, ließ er sich in einer Sänfte in den Robensgarten tragen, um dort die ersten Gehversuche zu machen.[179]

Im Jahre 1818 fand in Aachen der Monarchenkongreß zur Befriedung Europas statt, der neben dem Kaiser von Österreich, dem Zaren von Rußland und dem preußischen König eine große Zahl von Diplomaten, Militärs und sonstigen bedeutenden Persönlichkeiten Europas in die Stadt führte. Zahllose Schaulustige kamen angereist, unter ihnen der Tribunalrichter Theodor von Haupt aus Düsseldorf, der seine Aachener Eindrücke in einem Buch wiedergegeben hat. Dort findet man folgende Szene: als vor Beginn des Kongresses bekannt wird, daß der König von Preußen, von Haaren kommend, naht, eilt von Haupt zum Kölntor hinaus, um den festlichen Einzug zu erleben. Der erhöht gelegene Robensgarten scheint ihm als Beobachtungsplatz günstig. Er schreibt: „Robens anmutiger Garten war mit Gesellschaft überfüllt, eine reizende Galerie eleganter Welt, die sich in den Tannengruppen und Gebüschen nach der Landstraßen-Seite hingereiht, höchst anziehend ausnahm, lockte auch uns in den lebendigen Zirkel."[180]

Arnold Robens, nach einem Aquarell aus der Familienchronik Robens/Brixius.

Robens starb 1820, seine Frau 1832, seine zwei Töchter waren schon früh dahingeschieden. Der Garten erfreute die Aachener aber bis in die Zeit der Jahrhundertmitte; noch 1848 hieß es, der Robensgarten gehöre zu den „besuchtesten Spaziergängen" der Stadt.[181] Doch dann kam bald das Ende. Postunternehmer Konrad Heucken ersteigerte einen großen Teil des Gartens, in dem sein Neffe 1852 eine Treibriemenfabrik einrichtete. Auch entstand eine Eisengießerei. 1862 verlegte die „Imperial Continental Gas-Association in London, Zweigniederlassung Aachen" ihren Betrieb mit zwei Gasometern mitten in das Gartengelände; das Robenshaus wurde ihr Verwaltungssitz. So wandelte man den Garten zum Industriegebiet! 1894 baute man quer durch das einstige Gartenland eine Straße und gab ihr den Namen „Robensstraße" — nun wurde das Gelände Wohngebiet. Noch lange Zeit hielt sich die Erinnerung an den Robensgarten, so daß der Heimatschriftsteller Hein Janssen 1930 schreiben konnte: „Robensjade, wo ens os Urjrueßvaddere än -moddere sich bei Kaffie, Maidrank än Makei amesierede."[182]

Der Park des Gutes Müsch

Wilhelm Körfgen war uns schon bei der Umwandlung des Klostergartens der Pönitentinnen als engagierter Gartenfreund begegnet. Noch weit wichtiger für die Öffentlichkeit war sein Eintreten für die Umwandlung des Lousbergs von einer öden Schaftrift in einen ausgedehnten Waldpark, eine gärtnerische Leistung, die als städtische und bürgerschaftliche Maßnahme in der Zeit um 1800 wohl nichts Vergleichbares in Deutschland hatte. Zwar wurde der Präfekt des Aachener Departements als Schöpfer dieses Werks gefeiert, Körfgen jedoch dürfte der Ideenträger gewesen sein, denn er war mit den damals aufkommenden Gedanken über Landesverschönerung und Landschaftsgestaltung vertraut,[183] ihm wurde auch zunächst die Ausführung übertragen. Wer war dieser Mann? In der Aachen-Literatur wird er kaum erwähnt. Geboren wurde er am 23. November 1769 in dem zwischen Euskirchen und Bonn gelegenen Dorfe Straßfeld.[184] Leider war bisher nicht zu ergründen, wie er den großen Sprung aus jenem kleinen Dorf zur Zentralverwaltung des Departements in Aachen geschafft und hier gehobene Posten ausgefüllt hat, die eine Beherrschung der hochentwickelten französischen Verwaltungstechnik und selbstredend der französischen Sprache voraussetzten. Wir wissen, daß er Archivar des Departements war, ein Posten, der immense Arbeitsleistung verlangte[185], und ab 1804 „Secrétaire-général", Verwaltungsleiter des Rurdepartements wurde als Nachfolger eines Franzosen revolutionärer Schule, der für Aachen wohl nicht der rechte Mann gewesen war.

Nachdem die Kirchengüter im Jahre 1802 säkularisiert worden waren, verkaufte die französische Verwaltung ab 1803 einzelne Anwesen an Personen, die sich ihr gegenüber bewährt hatten, obwohl grundsätzlich die Güter für Kriegsveteranen reserviert waren; erst nach dem erhofften Endsieg Napoleons über Europa sollten sie verteilt werden. In diesem Zusammenhang ist es zu verstehen, daß Körfgen das kleine Gut „Die obere Müsch" in der Soers erwerben konnte. Das Gut war im Besitz des Regulierherren-Klosters zu Aachen gewesen.

Hinter dem Lousberg liegen drei Bauernhöfe entlang der uralten „Kupfergasse", die obere, mittlere und untere Müsch.[186] Während die letztere auch heute noch einen landwirtschaftlichen Betrieb beherbergt, dienen die beiden anderen Müschhöfe jetzt nur noch zu Wohnzwecken; sie befinden sich im Bereich des Klosters St. Raphael am Strüver Weg.

Die Wiesen und Felder von Körfgens oberer Müsch bedeckten den Fuß des Lousbergs, wo die Ausläufer des Berges eine reizvoll gegliederte, intime Landschaft bilden. Körfgen hatte sich im Bauernhaus der Müsch offenbar eine Sommerwohnung eingerichtet nach dem Vorbild vieler Aachener, die sich ein Landhaus leisten konnten. Seine Stadtwohnung lag am Marktplatz in Aachen.[187]

Auf dem Gelände seiner Müsch führte Körfgen große gärtnerische Anlagen durch, wie aus einer Bemerkung des Aachener Präfekten, Baron de Ladoucette, hervorgeht. In einem Erinnerungsbuch preist er die abwechslungsreiche Umgebung Aachens, die er 1813/14 durchwanderte, wobei er einen Blick warf „auf die Anlagen, die Herr Körfgen, Generalsekretär der Präfektur in der Müsch geschaffen hat".[188] 15 Jahre später, 1829, beschreibt Christian Quix die Aussicht vom Salvatorberg und sagt: „Unter den vielen herrlichen Anlagen des Soerstals zeichnen sich die des Herrn Körfgen, ehemaligen Generalsekretär bei der Präfektur, vorzüglich aus".[189]

Es scheint also, daß Körfgen bald nach 1803 mit einer großzügigen Umgestaltung des Geländes begonnen hat — welcher Art mag sie gewesen sein? Wir wissen, daß die Wiesen der oberen Müsch weiterhin landwirtschaftlich genutzt wurden und auch heute noch so genutzt werden! Allerdings wurden sie an fremde Landwirte verpachtet, im kleinen Haus Müsch befand sich also kein landwirtschaftlicher Betrieb mehr, er diente Körfgen nur noch als Wohnung. Wie man aus späteren Überlieferungen und dem heutigen Zustand schließen kann, hat Körfgen vor dem Wohnhaus einen englischen Garten angelegt und die landwirtschaftlichen Flächen im Stil einer „Ferme ornée" ausgestaltet, einer frühen Variante des Landschaftsparks, die im nachbarocken Frankreich aufge-

Blick über den „Goldfischteich" in den herbstlichen Park des Gutes Müsch.

kommen war, die aber gleichermaßen in England als „ornamental farm" beliebt wurde.[190]

Das Ideal des einfachen Landlebens griff damals um sich. Wer es sich leisten konnte, erwarb ein Landgut; wollte er dort den neuen Landschaftsgarten verwirklichen, so stieß er an Grenzen, wenn das Gut zu klein war, um Parkgelände abzuzweigen, ohne den Landwirtschaftsbetrieb zu beeinträchtigen. Nachdem ein neues Schönheitsempfinden bäuerliche Motive als Sinnbilder des einfachen Lebens bereits in der Rokokozeit in den Park hatte eindringen lassen, lag nun der Gedanke nahe, das gesamte Areal eines Gutes als Park zu betrachten und entsprechend zu gestalten. In diesem Sinne wurden die Ränder von Wiesen und Feldern mit Bäumen und Gebüsch bepflanzt, wobei man die nüchterne Gerade der Flurstücke in gewellte Linien nach ästhetischem Empfinden auflöste. Oft führte ein Spazierweg rings um den Gutsbezirk, teilweise verdeckt durch die Grenzpflanzung.

Hiermit ist schon skizziert, wie Körfgen wohl seine Müsch als Ferme ornée umgestaltet hat — so jedenfalls bietet sie sich heute dar, und es ist kaum anzunehmen, daß wesentliche Veränderungen stattgefunden haben.

Das alte kleine Bauernhaus der Müsch, dessen Maueranker das Baujahr 1686 anzeigen, wurde von Körfgen offenbar stattlich herausgeputzt, denn während des Monarchenkongresses 1818 konnten hier fünf herrschaftliche Gäste einquartiert werden.[191]

Nachdem im Jahre 1814 die französische Verwaltung abgezogen und Aachen preußisch geworden war, übernahm man Körfgen nicht in den neuen Verwaltungsdienst. Er lebte, erst 45 Jahre alt, als Rentner auf seiner Müsch und erlebte manchen Ärger: die preußische Forstverwaltung beanstandete seine Lousberg-Bepflanzung, das von ihm mit Hilfe einer Aktiengesellschaft auf halber Höhe des Lousbergs errichtete Gesellschaftshaus „Belvedere" zeigte Bauschäden und rentierte sich nicht, ein einflußreicher Bürger griff seine für die Öffentlichkeit geleistete Arbeit in der Aachener Zeitung an. Körfgen starb am 20. Dezember 1829 im Alter von 61 Jahren. Auf einer Reise hatte ihn der Tod in Bonn ereilt. Seine Ehe mit Maria Lovens war kinderlos geblieben.

Am 16. Juni 1831 wurde die obere Müsch zugunsten der Erben Körfgens versteigert. Erben waren seine Witwe und seine Geschwister, meist „Ackerleute"

aus dem Raum Euskirchen, Zülpich, Rheinbach. Neuer Eigentümer wurde das Ehepaar Johann Heinrich und Johanna Kesselkaul. Kaufpreis: 11000 Taler.[192]

Wir haben Johann Heinrich Kesselkaul als Eigentümer des ehemaligen Pönitentenklosters bereits kennengelernt, dort betrieb er seine Tuchfabrik, dort war auch seine Stadtwohnung. Nun übernahm er die obere Müsch als Sommerwohnung.

Mitte der 1840er Jahre zeigten sich als Vorboten des politischen Erdbebens von 1848 in der Wirtschaft Unsicherheit und Unlust auf dem Markt, so daß die Aachener Tuchindustrie in eine schwere Krise geriet. Die Eheleute Kesselkaul verkauften am 28. Mai 1845 die obere Müsch — vielleicht um Geld für die Fabrik zu beschaffen.[193]

Wohl als Abschiedsgruß an das ländliche Paradies der Müsch, das nun verlassen werden mußte, ritzte das Ehepaar folgende Inschrift in eine stattliche Blutbuche:

1845
Heinrich und Johanna
Kesselkaul

Heute noch ist die Inschrift zu entziffern, wenngleich der Baum infolge seines Dickenwachstums die Buch-

staben stark in die Breite gezogen hat. So kündet nach fast anderthalb Jahrhunderten der alte Baum immer noch von den Empfindungen jener fernen Zeit!

Unser Bild zeigt die Inschriften-Buche. Sie dürfte nach 1800 von Körfgen gepflanzt sein; auffallend ist, daß sie in einer Höhe von 3½ m veredelt wurde, wie der gut erkennbare Wulst verrät. Stammumfang: 3,87 m.

Als neue Eigentümer zogen nun Eduard Drouven und seine Frau Jeanette, geb. Quadflieg sommers über auf die obere Müsch. Drouven war kurz vorher — nach dem Tod seines Schwiegervaters — Weinwirt des „Pörzchen" auf dem Seilgraben geworden, eines über lange Zeiten in Aachen beliebten Lokals.[194] Den Eheleuten Drouven scheint der Name „Müsch" nicht behagt zu haben, sie nannten ihr Besitztum jetzt „Marien-Au".

Aus dem Kaufvertrag Kesselkaul/Drouven erfahren wir, wie sich das Gelände zusammensetzte:[195]

7 Morgen Ackerland
30 Morgen Wiesen
2 Morgen Teiche
5 Morgen Lustgärten
3 Morgen Gärten
3 Morgen a) Stallung und Hofraum,
           b) Schloß, Haus und Hof
_____
50 Morgen insgesamt (Magdeburger Maaß).

Unter „Lustgärten" dürften der Hausgarten und die Waldpartien, unter „Gärten" dagegen Gemüseland zu verstehen sein. Die Bezeichnung „Schloß" gibt ein Rätsel auf, weil heute weder nach der Überlieferung noch im Gelände ein Schloß festzustellen ist. Vielleicht hatte Kesselkaul das Bauernhaus der Müsch so stattlich ausgebaut, daß der Notar dieses wohlklingende Wort gebrauchte. Möglicherweise ist damit die enorme Wertsteigerung des Besitzes zu erklären; denn die Wwe. Körfgen hatte die Müsch für 11000 Taler verkauft, Kesselkaul — 14 Jahre später — für 24000 Taler. — Aus dem Kaufvertrag erfahren wir auch, daß das landwirtschaftlich nutzbare Land an Anton Brüsseler, Halbwinner in der Aachener Heide zu einer Jahrespacht von 400 Talern verpachtet war.

1854 ließ Drouven eine große Holzversteigerung auf seiner Marien-Au durch einen Notar abhalten. 283 Stämme nebst Reiserholz erbrachten 605 Taler.[196]

Drouven verstarb 47jährig im Jahre 1859; seine Witwe behielt den Besitz noch einige Jahre. 1861 verkaufte sie 61 Stämme Buchen, „Canada-Weiden", Tannen, Ahorn, Eichen und Eschen für 173 Taler.[197] Bei den Holzverkäufen scheint es sich nicht um Pflegeeingriffe in zu dicht gewordene Parkpartien, sondern um rein wirtschaftliche Maßnahmen gehandelt zu haben; der Park dürfte dadurch recht kahl geworden sein.

1864 verkaufte Wwe. Drouven die Müsch an den Tuchfabrikanten Eduard van Gülpen für 21000 Taler.[198] Er ließ 1866 den Park durch den Düsseldorfer Stadtgärtner Josef C. Weyhe überholen; in der Nähe des Hauses wurden besondere Nadelgehölze gepflanzt.[199]

Van Gülpen besaß als Stadtwohnung das prachtvolle Wespienhaus Ecke Kleinmarschier- und Elisabethstraße; hinter diesem Haus lag seine Tuchfabrik, stark beengt von der Nachbar-Bebauung. Bald nach Erwerb der Müsch begann van Gülpen 1867 in der nordöstlichen Ecke des Geländes am Strüver Weg eine große neue Fabrik zu bauen, um seine Tuchfabrikation ausweiten zu können.[200] Ausschlaggebend war dabei das Wasservorkommen an der Müsch; denn eine Tuchfabrik verbrauchte viel Wasser. (Der Stammbetrieb in der Elisabethstraße benutzte das Wasser des dort vorbeifließenden Paubachs). Das auf den Lousberg fallende Regenwasser versickert zunächst im Sand des Berges, wird aber dann gezwungen, bei der Müsch auszutreten, weil eine Tonschicht weiteres Versickern verhindert. So werden im Müsch-Gelände mehrere Teiche durch Quellen gespeist.

Um 1870 war die Fabrik fertig. Neben ihr entstand ein großer runder Sammelbehälter für das aus den Teichen kommende Wasser. Die abschüssigen Parkwege erhielten Ziegelrinnen, die das kostbare Naß in die Teiche leiteten.

Eduard van Gülpen starb 1882. Die folgende Zeit brachte wesentliche Änderungen in den Besitzverhältnissen der Familie. Die Tuchfabrik ging auf den Schwiegersohn Gustav Ritter über, der den Stammbetrieb von der Elisabethstraße zur Trierer straße Nr. 1 in die Nähe des Beverbachs verlegte. Die Fabrik im Müsch-Gelände wurde um 1900 stillgelegt, angeblich wegen Wassermangels.[201] Nachdem die Witwe von Eduard van Gülpen gestorben war, verkauften die Erben 1901 das Wespienhaus; die Müsch ging auf Carl Delius über, einen Verwandten der Familie van Gülpen.

Delius war einer der namhaftesten Industriellen der Aachener Wirtschaft vor dem Ersten Weltkrieg. Seine Tuchfabrik in der Deliusstraße erlangte Weltruf, in ihrer Glanzzeit beschäftigte sie etwa 1200 Arbeiter und 100 Angestellte. Die Delius'sche Stadtwohnung nebst großem Garten lag Ecke Friedland- und Mozartstraße.

Für die Anlagen des Sommersitzes Müsch — jetzt in „Buchenau" umbenannt — scheint der neue Besitzer aufs beste gesorgt zu haben. Als Obergärtner war Franz Wiemann tätig. 1913 präsentierte man die Anlagen den Mitgliedern der Deutschen Dendrologischen Gesellschaft, die zu ihrer Jahrestagung nach Aachen gekommen waren. Bei einer Rundfahrt durch die schönsten Aachener Parks besuchten die etwa 100 teilnehmenden Parkbesitzer und Gartenfachleute auch „Gut Buchenau". Der Tagungsbericht meldete folgende Bäume als bemerkenswert:

	Höhe	Umfang	Alter
1 Tulpenbaum	18 m	2,00 m	100 Jahre
1 Amberbaum	10 m	0,87 m	?
1 Amberbaum	8 m	1,00 m	?
1 Traubeneiche	22 m	2,12 m	100 Jahre
1 Pyramideneiche	20 m	2,00 m	?
7 Sumpfzypressen	13—17 m	1,30—1,60 m	50 Jahre
1 Blutbuche	34 m	2,65 m	100 Jahre
(mit 68jähr. Inschrift)			

Etliche schöne Exemplare von Koniferen, 50 Jahre alt.

Weiter besagt der Bericht: „Vor dem einfachen alten Wohnhaus standen prächtige Vasen mit üppigsten Fuchsien und leider auch eine Prunkvase mit wichtigem Teppichbeet mitten in der schönen Rasenbahn! — Aber dafür entschädigten uns wundervolle alte Bäume, schon reichlich eng und dicht geworden, darunter Liriodendron, Taxodium in ganzen Gruppen, eine Blutbuche mit 68jähriger Inschrift und 20 m hohe Eichen! Etwas vertieft liegend, seitlich vom Hause, stand eine Araucaria imbricata, die ohne Winterschutz bestens gedieh, was manchem fremd war. Die herrlichen Coniferen-Gruppen des Parks riefen allgemeine Begeisterung hervor, und wurden immer wieder von neuem besichtigt".[199] Wie man sieht, fand die Inschriftenbuche von 1845 schon damals be-

sondere Beachtung! Die Bezeichnung „Gut Buchenau" zeigt, daß das Anwesen unverändert als Ferme ornée angesehen wurde, also die Wiesen wirtschaftlich genutzt waren.

Carl Delius starb 1914. Der Weltkrieg und die Nachkriegsära brachten für die Delius'sche Fabrik schwere Zeiten. Als die Weltwirtschaftskrise heraufzog, ließ man das Unternehmen in einem Bremer Konzern aufgehen. Als dieser 1932 zerfiel, wurde das Aachener Werk stillgelegt — ein erschreckender Schlag für die Aachener Wirtschaft.

Nach dem Tode der Witwe von Carl Delius (1920) ging die Müsch auf Hans van Gülpen über, einen Enkel des Ehepaars Eduard van Gülpen, das die Müsch von 1864 bis etwa 1900 besessen hatte. Hans van Gülpen war zunächst als Teilhaber in der Tuchfabrik Delius tätig, später widmete er sich zusammen mit Gustav Ritter der Tuchfabrik „J. van Gülpen". Sein Stadthaus lag Nizzaallee Nr. 2. Er nahm keinen Anstoß an dem schlichten, althergebrachten Namen „Müsch", und so stand denn jetzt im Adreßbuch „Haus Müsch, Soers 72".

In den „goldenen zwanziger Jahren" kam auch für die Müsch eine Glanzzeit, die geprägt war durch den Lebensstil des Besitzers und die gärtnerische Kunst, die im Müsch-Gelände zur Geltung kam, insbesondere im Obstbau. Diesem galt damals noch ein hohes Interesse vieler Parkbesitzer, ja selbst der meisten Gartenbesitzer in der Stadt; denn auf Selbstversorgung mit gutem Obst war man stolz, Konserven zu kaufen entsprach nicht einem gehobenen Lebensstil, Südfrüchte waren noch ein Luxus.

Nachdem Obergärtner Wiemann gestorben war, wurde Otto Klenker Verwalter und Obergärtner der Müsch. Er stammte aus Baden und war in Aachen zunächst Geselle im Park des Tuchfabrikanten Ferber zu Burtscheid gewesen. Später wechselte er in den großen Honigmann'schen Gutspark Steeg bei Ronheide, 1920 schließlich übernahm er Ausbau und Pflege der Müsch.[202] Ihm standen sieben Gärtner zur Verfügung, eine Zahl, die angesichts der vorhandenen 52 Morgen Land und im Vergleich zu anderen Parkgärtnereien jener Zeit als normal zu bezeichnen ist.

Wir werfen nun einen Blick auf die Nutzgärten der Müsch, wobei auch die Aufgaben der Gärtner ermessen werden können.

Park Müsch: Eßkastanien-Allee.

Wilde Narzissen.

Ferme ornée: Landwirtschaft im Rahmen eines Parks!

77

Hier standen über 300 Obstbäume, die sorgfältig zu pflegen waren. Ein Laubengang aus Tafelbirnen mußte zweimal im Jahr geschnitten werden. Am steilen Südhang eines Gelände-Einschnitts unterhalb der Buchenallee am Lousberg wurde ein Spalierobstgarten angelegt nebst einer Erdbeerkultur. Heute ist dieses Tälchen zugeschüttet. Vor dem Fabrikgelände lag ein ausgedehnter Gemüsegarten, dort standen ein Traubenhaus und ein Pfirsichhaus mit senkrechten Scheiben vor einer Südmauer; ein „Paradiesgarten", von Mauern umgeben, um die Sonnenwärme zu fangen, diente ebenfalls der Pfirsichkultur. Hier befand sich auch ein fachgerecht angelegter Keller, in dem sich Gemüse und Obst vortrefflich überwintern ließen. Ein Eiskeller lag nahe einem Teich am Waldrand.

Am Eingang des Müsch-Anwesens am Strüver Weg stand das Wohnhaus des Obergärtners. Dahinter lag der bunte Hühnerhof, wie man ihn früher liebte, mit Hühnern, Gänsen, Tauben, Truthühnern und Ziergeflügel. Hier war auch der Stall für 2 Milchkühe und zwei Kreuz-Zebras (Kreuzung zwischen Zebra und Maultier), die als Zugtiere für die Fahrzeuge der Gärtner dienten. Die reiche Obst- und Gemüseernte wurde nicht verkauft, sondern diente teilweise dem Eigenbedarf des großen Haushalts; der größte Teil wurde jedoch verschenkt. Van Gülpen war im Vorstand des Luisenhospitals, dorthin dürften größere Mengen von Gartenerzeugnissen gekommen sein. Vom Eingang führte eine Kastanienallee zum Wohnhaus Müsch. Als sich herausstellte, daß die Kastanien auf dem tonigen Unterboden nicht gediehen, wurden sie durch Linden ersetzt. Das Wohnhaus machte dank einiger Anbauten — auch durch eine Glasveranda — den Eindruck einer kleinen Villa.[203] In der Nähe lag ein Ulmenwäldchen. Als sich in den 1920er Jahren die Ulmenkrankheit zeigte, ließ van Gülpen einen Fachmann von einem Berliner Institut kommen — leider vergeblich, das Wäldchen starb ab.

Im Spätherbst war für die Gärtner eine Aufgabe zu bewältigen, die uns heute grotesk anmutet. In den Waldpartien mußte alles Fallaub zusammengeharkt und mit Hilfe der Kreuz-Zebras zum Kompostplatz abgefahren werden. Damals mußte der Park unbedingt „sauber" sein — heute erfreuen wir uns an natürlichen Zusammenhängen!

Im Sommer herrschte oft gesellschaftliches Leben auf der Müsch. Höhepunkte waren die Parkfeste aus Anlaß der Aachener Reitturniere; dann ging es in den aufgeschlagenen Festzelten und den illuminierten Waldpartien hoch her. — Das Turnier hat in seiner Anfangszeit nicht zuletzt deshalb so rasch internationale Beachtung gefunden, weil die Teilnehmer in Aachen durch allabendliche Bälle der hiesigen Gönner so verwöhnt wurden wie nirgends — das lockte auch die Großen der Reiterei herbei!

In der Zeit um 1900 hatte die preußische Regierung die Ordensgenossenschaft der „Töchter vom heiligen Kreuz" gebeten, einige Schwestern nach Aachen zu schicken, um hier ein Heim für schulentlassene gefährdete Mädchen zu gründen. Im Jahre 1903 kamen die Schwestern und richteten, weil kein neues Haus gebaut werden sollte, in der leerstehenden Tuchfabrik am Rande der Müsch ein Heim ein. So entstand hier das Kloster „St. Raphael" mit seiner Heimstätte. Im Jahre 1929 erwarb der Orden unter günstigen Bedingungen das gesamte Parkanwesen; denn er wollte verhindern, daß der Park — wie geplant — Zwecken zugeführt würde, die den Betreuungsauftrag des Klosters beeinträchtigten.

Nach 1945 wurden auch alte Leute aufgenommen. Das Mädchenheim blieb bis 1977 bestehen, seitdem dient das Haus nur noch als Altenheim. Dank des großen Einsatzes der Schwestern sieht man dem stattlichen Baukomplex heute kaum noch an, daß er sich aus einer Fabrik entwickelt hat. Die Müsch-Villa[203] brannte nach dem letzten Krieg aus. Nur ihr alter Kern, das Bauernhaus, wurde wiederhergestellt und dient unter dem Namen „Josefhaus" als Wohnheim.

Welchen Eindruck macht der Park heute? Die Wald- und Wiesenflächen zwischen Kloster und Buchenallee des Lousbergs zeigen auch heute noch den Charakter einer Ferme ornée und stellen damit wohl den ältesten großen Landschaftspark Aachens dar; er blickt auf ein Alter von 180 Jahren zurück. Leider kann das Kloster dem Park aus finanziellen Gründen nicht mehr die Pflege angedeihen lassen, die er früher genoß. Doch hält man die Wege gangbar für die Heimbewohner, um ihnen Spaziergänge mit weiten Ausblicken in die Soers zu ermöglichen. Unsere Bilder geben davon einen Begriff.

Auf den Wiesen weidet im Sommer Jungvieh eines benachbarten Landwirts. In den Waldzonen, welche die Wiesen umschließen, und in den Steilhängen des Lousbergs finden sich etliche prachtvolle Buchen, Eichen und Ahornbäume, die noch aus der Zeit der ersten Anlage zu stammen scheinen, vielleicht also noch von Körfgen gepflanzt sind.

Immer noch beleben drei von Quellen gespeiste Weiher den Park, einst waren sie den Goldfischen, den Forellen und — unten am Purweider Weg — dem Kahnfahren gewidmet. Das Ufer des letzten Teiches wurde im vorigen Jahrhundert mit Sumpfzypressen bepflanzt, die mit ihren Wurzeln das Ufer vortrefflich befestigten. Ein besonderes Erlebnis bietet ein Höhenweg, der beiderseits von alten Eßkastanien gesäumt wird, deren dickster Stamm 5,76 m Umfang mißt!

Eine wegen ihrer Feuchtigkeit kaum genutzte Parkwiese erfreut uns durch den Flor von Wildpflanzen (z. B. Wiesenknöterich, Himmelschlüssel), die — früher um Aachen verbreitet — hier ein letztes Naturvorkommen fristen. Vom dendrologischen Interesse früherer Besitzer zeugt noch eine Hainbuche mit zweierlei Blättern, Buchen- und Eichenblätter nebeneinander (Carpinus betulus quercifolia).

Der besondere Reiz dieses Parks liegt in der Abwechslung von Berg und Tal sowie in der frei sprießenden Natur, verbunden mit dem bukolischen Effekt der Weidewirtschaft. Mag der flüchtige Betrachter nur Verwilderung sehen — wer der „Biographie" des Parkes nachspürt, kann überall erfreuliche Entdeckungen machen. Hier schimmert ein Naturempfinden durch, das sich vor 200 Jahren in unserem Land entfaltete und das heute durchaus Parallelen hat in der Idee des naturnahen Gartens. So spannt sich ein Bogen von der Ferme ornée zu neuen Wegen in Garten- und Landbau.

Sieben Besitzergenerationen haben dem Park der oberen Müsch ihre Zuneigung geschenkt. Wir dürfen uns freuen, daß die heutige siebte Generation, die Schwestern des Klosters St. Raphael, mit liebevollem Verständnis den Park betreut und für die Zukunft erhält.

Der botanische Garten des Dr. Solders

Im 18. und 19. Jahrhundert brachte die naturwissenschaftliche Erforschung der Welt staunenswerte Ergebnisse. Botaniker holten Pflanzenschätze aus fernen Ländern und stellten sie in den botanischen Gärten der Fürsten und der Universitäten vor; die Botanik erfreute sich hoher Wertschätzung.

Auch bürgerliche Pflanzenliebhaber scheuten keine Mühe und Kosten, in eigenen Gärten Pflanzensammlungen anzulegen. Zu Beginn des vorigen Jahrhunderts scheint ein Höhepunkt dieser Entwicklung gewesen zu sein, als in einer Fachzeitschrift über die Botanik geschrieben wurde: „Es ist herzerhebend, die Riesenfortschritte zu sehen, welche unsere amabilis scientia in jedem Lande nicht blos mit jedem Jahr, sondern beinahe mit jedem Tag vorwärts tut."[204]

Auch Aachen konnte sich rühmen, eine private Pflanzensammlung, einen „Botanischen Garten" zu besitzen. Er gehörte dem Arzt Dr. Matthias Solders und lag hinter dessen Wohnhaus Adalbertstraße 20 — einem Gelände, das heute vom „Kaufhof" überbaut ist! Dr. Solders, geboren 1750 in Maastricht, war ein Mann von imponierender Vielseitigkeit. In der Jugend schwankte er zwischen dem Beruf eines Sängers und eines Arztes, entschied sich schließlich für die Medizin, absolvierte sechs Lernjahre in einer Apotheke und studierte dann in Köln, wo er mit einer Arbeit über die Aachener Mineralquellen promovierte. 46 Jahre praktizierte er als Arzt in Aachen. Der Musik widmete er sich mit Begeisterung. Während der französischen Zeit hatte er größten Einfluß auf das musikalische Leben in Aachen, zeitweilig organisierte er die Konzerte, große Aufführungen von Oratorien entstanden unter seiner Leitung.

Schon in der frühen französischen Zeit, ab 1798, stellte er sich dem kommunalen Dienst als Munizipaladministrator zur Verfügung, in preußischer Zeit wurde er beigeordneter Bürgermeister; ab 1820 leitete er zusammen mit Notar Daniels die Stadtverwaltung (der Posten des Oberbürgermeisters blieb damals unbesetzt).

Sein Wirken als Naturwissenschaftler gipfelte in der Anlage seines botanischen Gartens, der für alle Interessenten zugänglich war, wie dies nach seinem Tode eine Aachener Zeitung betonte: „Wir haben uns alle an seiner anmutigen Blumenzucht geweidet."[205]

Die einzige nähere Angabe über seinen Garten, die bisher zu finden war, ließ sich im Staatsarchiv Wien entdecken! Dort liegen die Tagebücher Kaiser Franz I. von Österreich, der im Jahre 1818 den Monarchenkongreß besuchte und zahlreiche Eindrücke über die Stadt notiert hatte. Für die Themen Garten und Landschaft müssen wir den Kaiser als kompetenten Beobachter ansehen, denn er hatte als Prinz eine Gärtnerlehre absolviert, er hatte die Entwicklung der Parks von Schönbrunn und Laxenburg persönlich geleitet und es auf seinen Reisen nie versäumt, botanische Gärten zu studieren. Unter dem 16. November 1818 notierte er:

„. . . Dann zum Arzt Dr. Solders gefahren, in der Adalbertstraße wenn man gegen das Tor fährt, rechts; dieser hat einen kleinen Garten und Glashaus, darin im Freien die schönsten Rhododendron, Azaleen viele Gattungen, dann eine Rosensammlung. Chrysanthemum im Zimmer nebst den uns bekannten ganz weißen. 22 Gattungen Camelien, allerlei Jasmine — auch neue Gattungen, dann andere schöne Pflanzen."[206]

Dr. Solders starb 1826 im Alter von 75 Jahren. Das Ende seiner Pflanzensammlung war gekommen, als der Wirt der Gaststätte Kirberichshof vor den Toren der Stadt folgende Anzeige in der Zeitung erscheinen ließ: „Ich finde mich veranlaßt, meinen alten Kirberichshof-Freunden die Anzeige zu machen, daß die Wirtschaft allda gänzlich aufgehört hat, und ich jetzt den Garten bei mir in Adalbertstraße Nr. 743 auf dieselbe Art eingerichtet habe, sowie auch die nämlichen Erfrischungen verabreichen werde wie früher auf Kirberichshof.

Aachen den 30. 4. 1831
Math. Bernarts"[207]

Das Haus Nr. 743 — später Nr. 20 — war das Reich des Dr. Solders gewesen! Nun diente das Grundstück als Gartenwirtschaft und wurde später zusammen mit den Grundstücken Nr. 22 und 24 überbaut zu „Bernarts Lokal", das mit Theater- und Festsälen für viele Jahrzehnte ein Zentrum des geselligen Lebens im alten Aachen wurde.

In unserem Jahrhundert zogen Kaufhäuser auf den Grundstückskomplex. Alte Aachener erinnern sich noch an das Kaufhaus „Geka" (Gebrüder Kaufmann), jetzt erhebt sich hier das Haus des Kaufhof-Konzerns.

Wer heute durch die menschenüberflutete Adalbertstraße geht, durch eine Sphäre perfekter Urbanisierung, die kaum noch einen Quadratmeter unbebaut duldet, kann sich nur schwer vorstellen, daß hier einst sehenswerte Gärten lagen: der Geyr'sche Garten (S. 30), der Garten des einstigen Pönitenten-Klosters (S. 63), der botanische Garten des Dr. Solders.

Die Gärtnerei Asselborn

Lange schon ist der Name Asselborn in Aachen vergessen — sicherlich zu Unrecht; denn die Gärtnerei des Wolter Asselborn war in der Zeit vor und nach dem Jahr 1800 wahrscheinlich über die Grenzen unserer Stadt hinaus bekannt.

Ein französischer Stadtführer aus dem Jahre 1806 sagt, in Aachen gäbe es einen „célèbre botaniste“, einen berühmten Botaniker[208], sein Name ist jedoch nicht genannt. Prüft man die naturwissenschaftliche Situation jener Zeit, so findet man in Aachen keinen Botaniker in heutigem Sinne, vielmehr scheint Asselborn gemeint zu sein, der in seiner Gärtnerei ein riesiges Sortiment an Pflanzen anbot. Tatsächlich ist später auch in einer deutschen Schrift vom „Botaniker Asselborn“ die Rede.[209] Das Urteil „célèbre“ scheint auf seinen Pflanzenversand zurückzugehen, der ihn in weitem Umkreis bekannt machte.

Es dürfte reizvoll sein, diesen Mann und seinen Betrieb eingehend zu betrachten.

Asselborn war aus Köln zugewandert und hatte wohl in den 1780er Jahren eine Gärtnerei in unserer Stadt aufgebaut.

Glücklicherweise hat sich Asselborns Hauptkatalog bei der Aachener Stadtbibliothek erhalten. Er ist nicht datiert, doch läßt sich die Zeitspanne, in der die Gärtnerei bestand, eingrenzen durch ihre Zeitungsanzeigen in den Jahren um 1790 und schließlich durch den Tod Wolter Asselborns im Jahre 1826, dem die Auflösung der Gärtnerei folgte. So kann man dem Katalog die Datierung „um 1800“ geben. Der zweisprachige Katalog — französisch und deutsch — bietet uns Einblicke in die Pflanzenverwendung und die Marktsituation vor 200 Jahren und liefert damit Mosaiksteine zur Vervollständigung des noch recht lückenhaften Geschichtsbildes unseres Gartenbaues. Der Katalog beginnt mit einer Liste der lieferbaren Blumenzwiebeln. Einzelne Sorten mit ihrem Namen werden im allgemeinen nicht angeboten, sondern entweder Sortimente von Namensorten oder Mischungen, „Rummel“ genannt (ein Ausdruck, der auch in anderen Gegenden Deutschlands üblich war), z. B.: „Gefüllte blaue, weiße und rote Hyazinthen in bestem Rummel per 100 Stück zu 8 Reichstaler“.

Auffallend sind die hohen Stückzahlen, Zielgruppe war wohl ein gehobener Käuferkreis.

Hyazinthen werden an erster Stelle angeboten, sie standen damals in der Blumenmode obenan und hatten die Tulpen in ihrer beherrschenden Stellung abgelöst.

CATALOGUE GÉNÉRAL
DE
FLEURS,

Telles que Hyacinthes, Tulipes, Renoncules, Anémones, Tacettes, Fritillaires, Iris, et différentes autres sortes, ainsi que divers arbres Américains, et autres plantes étrangères, qui croissent par toute l'Europe et dont on peut se servir dans la construction des plantages, tant pour des allées que pour des parterres anglais; qui se trouvent chez WAUTIER ASSELBORN, Fleuriste, grénetier et arboriste, à *Aix-la-Chapelle*.

Ausführlicher Katalog
von allen
vornehmsten Zwiebel-Blumen.

Als: Hyazinthen, Tulipanen, Ranunkeln, Anemonen, Tazetten, Frittilaria, Iris, und mehr andere Sorten, wie auch amerikanische, und andere ausländische Gehölze, welche alle in Europa wachsen, und zu Alleen, wie auch Bosqueten dienen; und zu haben sind, bei Wolter Asselborn, Blumen-Soamen-und Baumhändler, in Aachen.

Bei den „Tulipanen" finden wir die „Baguetten-Rigauts", mit gestreiften oder geflammten Blüten, die wir heute „Rembrand-Tulpen" nennen. Wir kennen sie aus Blumenbildern der Barockzeit — auch aus dem Strauß der Kaiserin Josephine (S. 61). Narzissen erscheinen in Namensorten, darunter die gefüllte „Van Sion", die sich bis in unsere Zeit erhalten hat. Auch Kleinzwiebeln werden angeboten, z. B. „Kivits-Eyern, extra Rummel große Nelken per 100 zu 6 Reichstaler" (Kibitzeier, Fritillaria meleagris).

Das umfangreiche Staudenangebot im Katalog weckt unser besonderes Interesse. Wenn ein vor kurzem erschienenes wissenschaftliches Werk über den deutschen Gartenbau vermutet, der erste Staudenkatalog sei gegen Ende des vorigen Jahrhunderts erschienen[210], wir aber feststellen, daß in Asselborns Katalog „um 1800" schon 347 Stauden aufgeführt wurden, so dürfen wir mit gewissem Stolz auf unseren Aachener Staudenpionier blicken!

Das Stauden-Angebot läßt den Umbruch vom französischen zum englischen Gartenstil, der sich bei uns um 1800 abspielte, erkennen. Hatte man bisher die Blumen und insbesondere die ausdauernden Stauden nur unmittelbar am Haus oder in abgegrenzten Sonder-Gärten beetweise — im Parterre — gezogen, im klassischen französischen Park aber kaum geduldet, so boten sich nun im Landschaftsgarten als einem Spiegelbild freier Natur unbegrenzte Möglichkeiten für die Verwendung von Stauden. Hierauf spielt Asselborn an, wenn er die Staudenabteilung seines Katalogs wie folgt überschreibt:

Immerblühende Kräuterpflanzen
Auserlesene Sammlung von perennierenden Blumen-Pflanzen, welche alle schöne Blumen hervorbringen, sehr schön in Blumenparterren und englischen Lustwäldern zu gebrauchen sind, und welche alle in freier Luft über Winter aushalten können.

Es geht hier also bei den „englischen Lustwäldern" um einen neuen Markt! Größere Verwendung erlangen die Stauden allerdings erst in der zweiten Hälfte des vorigen Jahrhunderts und dann in unserer Zeit, als die Staudenzüchtung in großem Stil einsetzte. Asselborn dürfte in erster Linie Pflanzenliebhaber als Kunden gehabt haben, die aus botanischem Interesse wie schon seit eh und je auf ihren Beeten Gewächse aller Art sammelten (vergl. Dr. Solders!) — die Zeit, in der die Staude als Element der Gartengestaltung auftreten sollte, deutete sich erst an.

Unter Asselborns Stauden finden wir nur botanische Arten, allenfalls Farbabweichungen und gefüllte Formen, jedenfalls noch keine Züchtungen, wie die hier abgebildete Seite zeigt (Beispiel: Phlox!)

Phlox pilosa aus der nordamerikanischen Prärie wurde 1806 in England eingeführt — wie man hier sieht, hatte Asselborn schon diese Pflanze! — Die Preise verstehen sich in Aachener Mark, die einen geringen Wert hatte.

	Marcs.
⇒ (22) ⇐	
Mariana parnassioides	36.
Melissa calamintha	10.
Mellites melliffophyllum	10.
Mimulus ringens	10.
Monarda fistulosa	10.
— — flore purpureo	10.
— didyma	10.
— flore albo	10.
Orobus niger	10.
Orobus albus	10.
— vernus	10.
Origanum majorana fol. aureo	10.
Oenothera fruticosa	10.
Oenoclea sensibilis	18.
Osmunda spicant.	18.
— capensis	18.
Papaver orientale	10.
— cambricum	10.
Phlox paniculata	10.
— glaberrima	10.
— divaricata	10.
— carolina	10.
— pilosa	18.
— fl. albo	10.
Pisum maritimum	10.
Plantago rosea	10.
Parthenia integri folia	10.
Primula farinosa	18.
Polimonium reptans	10.
— græcum	10.
Polimo-	

Der „Alpengarten" war eine schon damals beliebte Einrichtung. Heutige Steingartenfreunde werden staunen, welche Pflanzenschätze Asselborn anbot: z. B. Gentiana acaulis, Soldanelle, Saxifraga oppositifolia, Erinus alpinus, Carlina acaulis, Anemone narcissiflora und sogar den alpinen Kleinstrauch Loiseleuria, den heute niemand im Flachland zu kultivieren wagt.

Aus der Fachliteratur lassen sich Rückschlüsse auf die Entwicklung der Staudenverwendung und die entsprechende Marktsituation ziehen[210a]. Für die Zeit, in der Asselborn wirkte, wäre als Vergleich das „Taschenbuch für Blumenfreunde" von M. C. G. Berger aus dem Jahre 1802 heranzuziehen; es nennt 224 Stauden. Betrachtet man diese Zahl als Norm für jene Zeit, so erscheint Asselborn mit den 347 Stauden seines Katalogs als herausragender Spezialist.

Im Katalog folgt nun eine „auserlesene Sammlung von exotischen Orangerie-Pflanzen, bestehend mehrenteils aus den allerschönsten, raresten und vielen ganz neuen und seltenen Pflanzen, von welchen allen ein ziemlicher Vorrat zu haben ist" — also Pflanzen fürs Gewächshaus. Nicht weniger als 365 Namen erscheinen hier, darunter allein 52 verschiedene Erica und 31 Arten Geranium (Pelargonium); viele Pflanzen stammen aus dem Kapland.

Es folgt ein Angebot von 22 Sorten Ananas-Pflanzen. Noch konnten diese begehrten Früchte wegen des langen Seeweges nicht aus den Tropen importiert werden, mühsam wurden sie unter Glas für vermögende Feinschmecker herangezogen.

Sodann nennt der Katalog 482 verschiedene Bäume und Sträucher!

Zum Schluß empfiehlt Asselborn „eine auserlesene Sammlung von extra schönen Nelken oder Grasblumen, wovon die 100 Stück in 100 Sorten mit ihren Namen zu 20 Reichstalern gegeben werden, wie auch von den Auricklen. — Nebst dem ist auch ein Katalog von Obstbäumen und Gartensamen zu haben." Nelken und Aurikeln waren Modepflanzen jener Zeit, auf diesem Gebiet blühte schon die Züchtung.

Es ist nicht möglich, Bedeutung und Größenverhältnis von Asselborns Betrieb innerhalb des damaligen Gartenbaues zu beurteilen, weil wir von den Gärtnereien jener Zeit zu wenig wissen. Drei Betriebe ähnlicher Größe, die auch schon Stauden anboten, mögen zum Vergleich dienen.

1. die Gärtnerei des August Schelhase in Kassel, deren Katalog aus dem Jahre 1808 erhalten ist.[211] Sie bot an: 435 Stauden, 558 Glashauspflanzen, 258 Bäume und Sträucher, 105 Rosen, 202 Obstgehölze, ferner Blumenzwiebeln.

2. die Schloßgärtnerei zu Kassel-Wilhelmshöhe. Ihr Katalog aus dem Jahre 1811 ist noch vorhanden[212], er enthält: 219 Stauden, 306 Bäume und Sträucher, 109 Rosen, 306 Obstgehölze. Diese „Verkaufs-Baumschule" galt als eine der größten in Deutschland.

3. die Gärtnerei des Hofrates Wedel in Jena; ihr Pflanzenverzeichnis von 1807 enthielt 761 Arten „exotischer perennierender Pflanzen und Ziersträucher".[213]

Jedenfalls scheint der Asselbornsche Betrieb zu den bestsortierten Gärtnereien gehört zu haben.

Wo lag diese bedeutende Gärtnerei? Zu unserer Überraschung stellen wir fest: in der engen Altstadt! Zwei Zeitungsanzeigen geben genaue Auskunft:

„Gärtner Asselborn, wohnhaft in klein Marschierstraß in den 3 franzen Lilien neben dem König von Spanien macht bekannt, daß bey ihm zu haben alle Kohl- und Kräuter-Samen, beste Sorten Erbsen und Bohnen, fort allerhand Blumen-Samen, wie in dem bey ihm zu habenden Verzeichnis mit mehreren zu ersehen, für deren jede Sorte in ihrer Art er gut bleibt und welche jährlich bey ihm frisch zu bekommen" (23. 1. 1790).

„Bey Gärtner Asselborn in Marschierstraß in den 3 französischen Lilien sind frisch angekommen junge Fruchtbäume bester Sorte, als an Apfelbäume: roth und weiße Brignolen, Avantpersche, Magdalene, Montaigne, Mignone etc. An Kirschen: Nordkirsch, May- und Burgunder-Kirsch, Marellen, spanische weiße Krachkirschen etc. alles um die billigste Preisen" (15. 12. 1790)

Das Haus Zu den drei Lilien läßt sich dank einer Skizze, die Stadtarchitekt Mefferdatis von der Kleinmarschierstraße angefertigt hat[214], lokalisieren: es lag südlich neben dem Hotel „König von Spanien". Weiter ist von Stadtarchitekt Johann Joseph Couven ein Plan dieses Geländes überliefert[215], der uns das Haus, die „Drei französischen Lilien", nebst seinem Garten zeigt (Abb. S. 84).

In der heute stark veränderten Kleinmarschierstraße kann man sich Asselborns Haus etwa an der Stelle

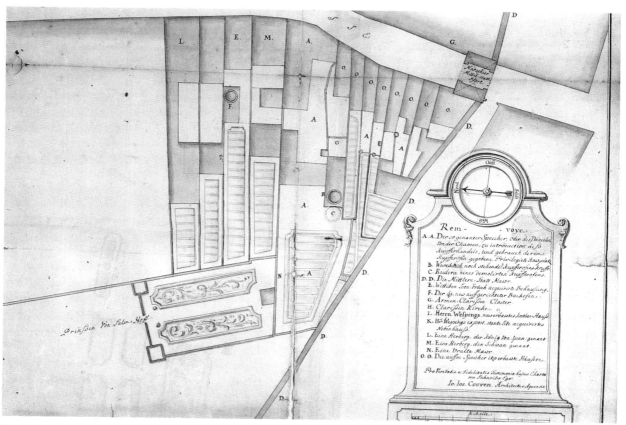

Plan von J. J. Couven aus dem Jahre 1739: oben die Kleinmarschierstraße, rechts der Mittelstadtgraben. Das Grundstück links ist bezeichnet als „eine Herberg, der König von Spanien genannt", das Haus daneben hieß „Zu den drei französischen Lilien", hier war später die Gärtnerei Asselborn, das Gartenland lag hinter dem Haus und im Mittelstadtgraben.

vorstellen, an der die Durchfahrt zum Parkplatz Jesuitenstraße abzweigt. Das Haus erhielt später die Nummer 52 (nicht identisch mit der heutigen Nr. 52). Außer diesem Grundstück stand für die Gärtnerei ein Stück des inneren Stadtgrabens zur Verfügung, das von der Stadt gepachtet war. Es lag am heutigen Alexianergraben und reichte etwa von der Ecke Kleinmarschierstraße bis zur Prinzenhofstraße. Das Grabengelände war 2300 qm groß.[216] Insgesamt hatte Asselborn also sehr wenig Land, so daß er von seinen vielen Pflanzenarten wohl nur jeweils kleinste Mengen unterbringen konnte.

Da Asselborn ein Liebhabersortiment führte, mußte er sich in weitem Umkreis bekannt machen, um genügend Kunden zu werben. Als 1818 der Monarchenkongreß in Aachen tagte und die Stadt die große Zahl der prominenten Gäste aus ganz Europa kaum fassen konnte, annoncierte er in der Fremdenliste, die in Französisch, der Sprache der großen Welt, abgefaßt war, wie folgt: „Chez M. W. Asselborn, dans la petite Rue de Borcette No. 1195 on trouve une belle collection des plantes exotiques et vivaces, d'oignons, des Fleurs et des semences."[217]

Übrigens scheint Asselborns Haus ansehnlich gewesen zu sein; denn während des Kongresses quartierte man den „Londoner Edelmann Lawrence" bei ihm ein.[218]

Für seine Aachener Mitbürger gab Asselborn im Mai 1806 bekannt: „Bey Sr. Wolter Asselborn in Klein-Marschierstraß sind die geeigneten Kräuter zu haben für May-Trank zu machen. Die Portion für 6 Bouteillen à 15 Mark."[219] Hier geht es um die sehr alte Sitte, im Frühling Kräuterwein zu trinken, den man mit mehreren Kräutern bereitete, während wir heute die Mai-Bowle nur noch mit Waldmeister würzen.

Man darf annehmen, daß es für Asselborn der Höhepunkt seines beruflichen Lebens war, als ihn während des Monarchenkongresses Kaiser Franz I. von Österreich besuchte. Für den 13. Oktober 1818 notierte der Kaiser in sein Tagebuch: „Nachmittag im Garten des Asselborn's, eines Handelsgärtners, gewesen. Wenn man vom Hause, wo Ich wohnte, in die Kleine Marschierstraße fährt, links ein kleiner Garten mit zwei warmen Häusern; von da in dessen großem Garten gewesen, der ein gewesener Garten der alten Stadt ist, in der Gasse, wo die Barmherzigen sind: im 1. sind viele warme, im anderen kalte perennierende Pflanzen und Bäume, auch Obstbäume — alles gut gehalten, und viel Seltenes, aber die Bäume stehen zum Teil schon dicht. — Asselborns Kataloge vid. Beylage."[220]

Der Kaiser besuchte also von seiner Wohnung in der Franzstraße aus zunächst den Garten hinter Asselborns Haus, wo sich zwei Warmhäuser für die tropischen Pflanzen befanden, dann ging er in den großen Garten im Stadtgraben neben der Straße (österreichisch: „Gasse"), an der die Barmherzigen Brüder wohnen: Die Alexianer. Der Kaiser nahm Asselborns Kataloge mit nach Wien. Wie die Zeitung am folgenden Tag meldete, hatte der Kaiser fast eine Stunde lang mit Asselborn ein gärtnerisches Fachgespräch geführt.

Das Schicksal verknüpft bisweilen Höhepunkte mit Tiefpunkten. Noch während des Aachener Kongresses gab die Stadt Aachen bekannt, daß sie das Pacht-land Asselborns zu verkaufen beabsichtige.[216] Der Untergang der Gärtnerei deutete sich an. Infolge der katastrophalen Finanzlage der Stadt hatte die Bezirksregierung auf Verkauf der städtischen Immobilien, insbesondere des inneren Stadtgrabens (vergl. S. 15) gedrängt. Ende 1819 ging das von Asselborn gepachtete Grabenstück in private Hände über, doch blieb die Gärtnerei dort vorläufig noch bestehen.

Asselborn beantragte nun bei der Stadt, die Gärtnerei auf das Gelände des ehemaligen Kapuzinergartens, das städtisches Eigentum war, zu verlegen. Er erbot sich, bei einer Pacht auf 25 Jahre dort die Gärtnerei so einzurichten, daß Kurgäste und Einheimische in ihr promenieren könnten, womit er die alte Kalamität Aachens, keinen Kurgarten zu besitzen, geschickt ansprach. Allerdings verlangte er die Errichtung von zwei Gewächshäusern auf städtische Kosten, eines für tropische Pflanzen (Warmhaus), ein anderes als Orangerie (Kalthaus). Im Oktober 1820 lehnte die Regierung den Plan aus Kostengründen ab.[221] Dabei mag mitgespielt haben, daß das Gelände für Zwecke des Kurbetriebs vorgesehen war; tatsächlich wurde schon zwei Jahre später hier der Grundstein für das Stadttheater gelegt, das vor allem die Kurgäste unterhalten sollte.

Am 27. Juli 1826 starb Asselborn im Alter von 73 Jahren. Sein Sohn Carl scheint die Gärtnerei nicht mehr betrieben zu haben, doch setzte er den Samenhandel fort, konnte aber offenbar davon allein nicht leben und nahm Tabak-, Wein- und Spezereihandel hinzu. Asselborns Haus wurde um die Jahrhundertmitte in das benachbarte Hotel „König von Spanien" eingebaut.

Alte Gärten heute. *Im Park von Haus Höfchen verbindet sich alte Parkkultur (Hintergrund) mit üppig sprießender Natur — eine glückliche Synthese! — Näheres Seite 105*

Margeritenwiese im Park von Haus Höfchen. — Seit eh und je hat man seltene Naturszenerien in den Garten geholt; nachdem die Blumenwiesen aus unserer freien Landschaft verschwunden sind, ist es logisch, sie im Garten oder Park zu pflegen.

Aachen unter preußischer Verwaltung

Nach dem Sturz Napoleons sprach der Wiener Kongreß die Rheinlande dem Königreich Preußen zu. Damit ging für Aachen die 20jährige französische Herrschaft zu Ende, und es galt, sich neu zu orientieren. Zog bisher das glänzende Paris alle Blicke auf sich, so war nun das ferne, noch fremde Berlin als Hauptstadt anzuerkennen.

Preußen unternahm große Anstrengungen, seine neue rheinische Provinz zu fördern. Die Kurorte Aachen und Burtscheid wurden planmäßig entwickelt: Bau des Elisenbrunnens als neues Kurzen-trum, Bau des Stadttheaters für Kurgäste und Einwohner, Anlage der Theaterstraße — womit erstmals moderne Planung in das alte Straßengefüge Aachens einbrach —, nahtlose Fortführung der Arbeiten an den Lousberg-Anlagen und an den Grünanlagen in Burtscheid.

Auf dem Gebiet der Architektur kam für Aachen eine Blütezeit des Klassizismus, in der Gartengestaltung hatte sich der Landschaftsstil durchgesetzt, und es entstanden zahlreiche „Englische Gärten".

Gartenbesichtigungen

In vielen Städten wurden früher private Gärten in die Liste der Sehenswürdigkeiten aufgenommen und zur allgemeinen Besichtigung empfohlen. So machte 1850 das Adreßbuch von Hamburg elf prächtige Privatgärten namhaft; in Kassel pflegten anfangs des 19. Jahrhunderts Einheimische und Fremde den „Alpengarten" des Arztes Dr. Wild aufzusuchen und sich über „Zuvorkommenheit und belehrendes Zwiegespräch des wahrhaft biederen Besitzers" zu erfreuen.[222] In Trier konnte man zu „Nells Ländchen", dem großen Park des Kanonikus Nell († 1807), spazieren und dort sogar Picknicke abhalten.[223] Ähnliches ließe sich aus den meisten Städten berichten.

Im alten Aachen unternahmen die Kurgäste gern Ausflüge zum Schloß Vaalsbruch, dem Sommersitz des Großunternehmers Johann Arnold von Clermont, der hier einen vielseitigen Park angelegt hatte (ab 1761). Ein Zeitgenosse bemerkt zu diesen Besichtigungen, daß sie „der Eigentümer nach seiner menschenfreundlichen, gefälligen Denkart jederzeit gerne zuließ und jedem Lustwandler dahin einen ungehinderten Zugang erlaubte"[224] — Die Besuchsempfehlung für den Loevenich'schen Garten in Burtscheid er-wähnten wir schon. — Für die Stadt Aachen schrieb ein Fremdenführer aus dem Jahr 1847: „Außer der reichhaltigen Flora von Aachen bieten die Promenaden um die Stadt, die Gärten der Herren Bischoff, Deusner auf der Hochstraße, Canonicus von Fisenne auf Kaisersruhe und Schwendler auf der Eiche den Liebhabern der Botanik reichen Genuß an einheimischen und exotischen Pflanzen."[225]

Wir wundern uns heute über diese private Öffentlichkeit. Sicherlich paßt sie nur in eine Zeit, in der Gartenbau und Botanik allgemein einen hohen Stellenwert hatten, in der es noch nicht das Problem des Zeitmangels gab und auch noch keine Überfütterung mit Veranstaltungen. Deshalb konnte der Gartenbesucher mit Muße und staunendem Blick die Schätze der Gartenkunst und der Flora bewundern, während der Gartenbesitzer Gelegenheit hatte, die uralten Gesetze der Gastfreundschaft auch Fremden gegenüber zu erfüllen.

Die vier vorgenannten Aachener Gärten waren um die Mitte des vorigen Jahrhunderts offenbar die schönsten der Stadt. Obwohl nur spärliche Nachrichten von ihnen auf uns gekommen sind, seien sie hier vorgestellt.

Der Garten Bischoff

Auf dem Rappard'schen Stadtplan fällt als größte Grünanlage innerhalb der Stadt ein Park auf, der als „Garten des Geheimrat Bischoff" bezeichnet wird. Er lag zwischen Kapuzinergraben und Borngasse und bedeckte in etwa das weitläufige Gelände, das heute die Hauptpost einnimmt.

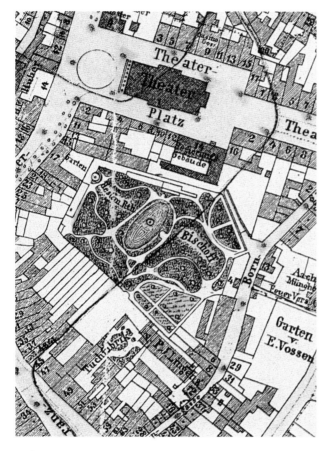

Sein Besitzer war Johann Arnold Bischoff, Sohn eines Gutsbesitzers im Kreise Bonn (* 1796), der eine Aachnerin geheiratet und sich in Aachen niedergelassen hatte, um Tuchfabrikation zu betreiben. Nach anfänglicher Zusammenarbeit mit einem Kompagnon gründete er bald nach 1830 eine eigene Firma und erbaute sich ein Wohnhaus am Kapuzinergraben nebst einer Fabrik im Hintergelände.

Ab 1832 entstand hinter dem Haus auf einer ebenen Fläche, die vordem als Wiesen- und Gartenland genutzt war, der große Landschaftsgarten. Mitten hindurch floß der Ponell-Bach, ein ovaler Teich war schon aus früherer Zeit vorhanden. Die Anlage dürfte etwa 8000 qm gemessen haben! Mit seinen Gewächshäusern und seinen fremdländischen Pflanzen muß der Garten eine Attraktion für Kurgäste und Einheimische gewesen sein, wenn sie um Besichtigung baten.[226]

Bischoffs Lieblingsbeschäftigung war — wohl bedingt durch seine Herkunft — die Landwirtschaft. Er erwarb die Güter Schönforst, Driescher Hof und Weide nahe der Trierer Straße. Das Rittergut Schönforst bewirtschaftete er selbst und erreichte dabei durch stete Aufbesserung des Zuchtmaterials eine Muster-Rinderherde, die ihm Auszeichnungen einbrachte.

Johann Arnold Bischoff starb 1871. Seinen Besitz am Kapuzinergraben erwarb die Postverwaltung, die dort zwanzig Jahre später das heute noch stehende Hauptpostgebäude einweihen konnte.

Zug um Zug bebaute die Post in den folgenden Jahren das Bischoff'sche Gelände, nur ein kleiner Teil blieb verschont, auf dem ein Garten für die Dienstwohnung des Präsidenten der Oberpostdirektion Aachen eingerichtet wurde. Dort stand eine mächtige Linde; als sie wegen Neubauten fallen sollte, machte Präsident Büscher eine Eingabe an das Ministerium in Berlin — und der Baum war zunächst gerettet.[227] Doch in den 1920er Jahren verschwand das letzte Grün, das noch an den Garten Bischoff oder gar an die noch älteren Anlagen erinnern konnte, die an dieser Stelle vor mehr als 250 Jahren von Tuchkaufmann Clermont im Anschluß an sein Wohnhaus in der Franzstraße geschaffen waren.

Bezüglich der Stadtplanung hatten Bischoffs Bauten und Park eine negative Wirkung gehabt, denn sie verhinderten die direkte Anbindung des 1841 errichteten Bahnhofs durch eine gerade Straße an das Stadtzentrum.[228] Die Anlage der engen Bahnhofstraße von der Theaterstraße aus blieb ein schlechter Notbehelf — bis heute!

Ein Wald mitten in der heutigen Stadt! Diesen schönen Blick aus den Häusern der Theaterstraße verdanken wir den Bäumen, die einst Christian Deusner und seine Nachbarn gepflanzt hatten. — Siehe Seite 92.

Der Garten Deusner in der Theaterstraße

Wir haben bereits Christian Friedrich Deusner als Gartenbesitzer in der Pontstraße kennengelernt. Sein Sohn Heinrich leistete sich einen noch größeren Garten. Er nutzte die damals für Aachen neue Möglichkeit, sich draußen vor der Stadtmauer, wo Platz genug vorhanden war, anzubauen, nachdem die neue Prachtstraße, die Theaterstraße, entstanden und — die Stadtmauer durchbrechend — bis zur heutigen „Normaluhr" weitergeführt war. Dieses obere Straßenstück hieß zunächst „Hochstraße". Hier erwarb Deusner ein großes Gelände, das bis zur Lothringer Straße reichte; der Rappard'sche Plan zeigt die Situation.

Von Stadtbaumeister Leydel ließ sich Deusner im Jahre 1834 ein stattliches Wohnhaus errichten, das auch heute noch eine Zierde der Straße und eines der besten Beispiele klassizistischer Baukultur in Aachen ist (Nr. 67).

Ausschnitt aus dem Rappard'schen Plan mit Deusner's Garten.

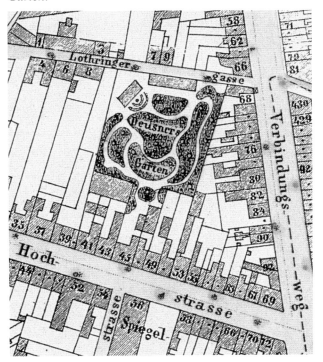

Vom Deusner'schen Garten blieb nur ein kleiner Rest übrig: man hat ihn zu einer grünen Oase von großem Reiz gestaltet.

Der Garten maß etwa 6000 qm. In einem Fremdenführer von 1865 wird er samt seinem Treibhaus als sehenswert bezeichnet.[229] Dieses Gewächshaus dürfte an die Lothringer Straße gegrenzt haben, wo ihm die volle Sonneneinstrahlung von Süden zugute kam (s. Plan).

Heinrich Deusner war Direktor der „Aktiengesellschaft der Spielbanken-Enterprise von Aachen". Nach Auflösung der Spielkonzession lebte er als Rentner auf seinem schönen Besitztum bis zu seinem Tode 1870. Seine Frau überlebte ihn um 10 Jahre — dann kam das Ende der Gartenherrlichkeit. Da keine Kinder vorhanden waren, ging der Besitz im Erbwege auf Robert von Görschen über, eine führende Persönlichkeit der Aachener Wirtschaft. Er verkaufte den größten Teil des Gartens als Bauplatz für das in der

Wer vermutet in der Theaterstraße diesen stimmungsvollen Garten mit seiner biedermeierlichen Brunnenecke!

Entstehung begriffene Kaiser-Wilhelms-Gymnasium. 1886 war der stattliche Schulbau vollendet. Auf dem Schulhof blieben alte Bäume aus Deusners Garten erhalten[230]; von ihnen stehen auch heute noch neun Baumriesen, etwa 150 Jahre alt: 1 Esche, 2 Ahorne, 2 Linden, 3 Blutbuchen und — als dendrologische Kostbarkeit — ein chinesischer Schnurbaum (Sophora japonica, in 2 m Höhe gepfropft). Im Verein mit den Bäumen der anstoßenden Gärten bildet dieser alte Bestand, wie unser Bild zeigt, einen „Wald":

ein Überraschungseffekt mitten in der Stadt von unschätzbarer Bedeutung für den Wohnwert der umliegenden Häuser![231]

Der Rest des Deusner'schen Gartens, der beim Haus Theaterstraße 67 verblieb, ist auch heute noch ein Gartenkleinod, ebenfalls eine grüne Überraschung mitten in der Stadt, wie unsere drei Bilder zeigen! Der heutige Besitzer versteht es, diese klassizistische Gartenatmosphäre liebevoll zu unterhalten.

Der Park von Kaisersruh

An der Krefelder Straße, bereits auf Würselner Gebiet, findet man die spärlichen Reste eines Parks, der im vorigen Jahrhundert die Gartenfreunde von nah und fern begeistert hatte: der Park des Hauses Kaisersruh. Dort hatte der Aachener Stiftsherr Ludwig von Fisenne einen Teil seines Landgutes in einen abwechslungsreichen Park verwandelt.

Freiherr Ludwig P. A. von Fisenne, geboren im Jahre 1768, entstammte einer Familie, die zum belgischen Uradel gezählt wird und ihre Stammburg „Fisenne" in den Ardennen hat. Schon mit 19 Jahren trat er in das Aachener Adalbert-Stift ein, mit 24 Jahren empfing er die Priesterweihe, mit 30 Jahren wurde er als Mitglied in das altehrwürdige kaiserliche Krönungsstift der Münsterkirche aufgenommen. Als bald danach die Stiftsverfassung aufgehoben und das Münster bischöfliche Domkirche wurde, erhielt er den Titel eines Ehren-Kanonikus.

Die Eltern von Ludwig von Fisenne waren in Aachen und Umgebung reich begütert; sie übergaben ihrem Sohn das große Landgut Mauwenheide offenbar als Aussteuer für den Priesterberuf.

Der Name Mauwenheide erinnert an die früheren Besitzer, die Aachener Patrizierfamilie Mauw[232]; erst später bekam das Gut den Namen Kaisersruh. Kanonikus von Fisenne dürfte noch vor dem Jahre 1800 mit der Anlage des Parks in englischem Stil begonnen haben. Ihm war es vergönnt, sich seiner grünen Welt ohne berufliche oder materielle Einschränkung widmen zu können, denn in späteren Jahren lebte er ganz zurückgezogen auf seinem Gut ohne priesterliche Obliegenheiten. Er betrieb auch historische Forschungen im Rahmen der Papstgeschichte.[233]

Christian Quix spricht in einem seiner Aachen-Bücher 1829 von „kostspieligen Anlagen und botanischem Garten" auf Kaisersruh[234], an anderer Stelle bringt er eine ausführliche Schilderung: „Alles was Natur und Kunst in dieser Art vermögen, ist hier vereinigt. Die Gartenanlagen dehnen sich weit aus.

Das Landgut Kaisersruh. Lithographie von Cazin und Mathieu, Aachen, um 1845.

Ein mit zierlichen Brücken versehenes Bächlein durchschlängelt dieselben und bildet, indem es einem der nordwärts gelegenen Gründe zueilt, Wasserfälle. Hinter diesen kunstreichen Gartenanlagen erhebt sich steil die Anhöhe, deren südliche Wand mit Tannen-Anlagen geschmückt ist, und auf deren Spitze ein Pavillon steht, wo man sehr angenehme Aussichten in die weite Umgebung genießt. Eine aus vielen Stufen bestehende Treppe führt die Anhöhe hinauf zu dem Pavillon."[235]

Auf unserem Bild erkennen wir Fisennes Landgut, rechts zwei heute noch vorhandene Parkteiche nebst einer Brücke, in der Ferne der erwähnte Pavillon. Der Pavillon war in chinesischem Stil erbaut.[236] Daß man den Aufstieg zu ihm mit Tannen flankiert hat, scheint einen besonderen Grund gehabt zu haben, denn man brachte die in unserer Gegend nicht heimischen, also fremdartigen Tannen oder Fichten in ihrer eleganten Wuchsform mit chinesischen Motiven in Verbindung z. B. mit den geschwungenen Hausdächern Chinas.[237]

Auch heute noch bietet die Anhöhe über dem Meisbach einen schönen Blick über das Soerstal, auf die Breitseite des Lousbergs und auf den Aachener Wald in blauer Ferne. Der Pavillon allerdings steht schon lange nicht mehr; ein Westwallbunker hatte zeitweilig seinen Platz eingenommen.

Ein Fremdenführer aus dem Jahre 1860 schreibt über Kaisersruh: „Der Fremde findet hier herrliche Gärten, Gebüsche, großartige Anlagen und Treibhäuser mit seltenen Blumen und Gewächsen. Der Eintritt in Kaisersruh wird jedem Fremden bereitwillig gestattet."[238]

So recht ein Stimmungsbild aus der späten Biedermeierzeit vermittelt uns eine Schrift für Aachener Badegäste, wenn sie von Kanonikus von Fisenne sagt: „ein alter, nur unter Blumen lebender, freundlicher Herr, der den Mitgenuß seiner reichen Blumenwelt den Fremden gern gestattet."[239]

Wie kam das Landgut zu dem stolzen Namen „Kaisersruh"? Während des Monarchenkongresses im Herbst 1818 unternahm der russische Kaiser Alexander I. einen Ritt in die Gegend nördlich von Aachen, um die dortige Steinkohlenförderung zu besichtigen. Auf dem Rückweg besuchte er den Landsitz des Kanonikus und ließ sich durch das Haus und die Gartenanlagen führen. Der Kaiser war inkognito, Fisenne

Kanonikus Ludwig von Fisenne.

jedoch ahnte, wen er vor sich habe und versuchte wiederholt eine Bestätigung zu erhalten, aber Alexander antwortete jedesmal ausweichend „Je suis officier russe". Fast eine Stunde lang unterhielt sich der Kaiser mit dem Hausherrn und ruhte sich unter einer alten Eiche aus. — In den nächsten Tagen gewann Fisenne die Gewißheit, wer ihn besucht hatte, und fragte beim russischen Hofstaat an, ob er sein Haus „Kaisersruh" nennen dürfe. Der russische Gesandte bestätigte ihm dies.[240] Später erhielt Fisenne vom russischen Grafen Stroganoff eine Marmorbüste Alexander I. zum Geschenk.

Kanonikus von Fisenne starb 1865 im Alter von 96 Jahren. Mit ihm wurde der letzte Stiftsherr des ehemaligen deutschen Krönungsstiftes und ein Grandseigneur der Gartenkultur zu Grabe getragen. Im Erbwege ging das Landgut auf einen Neffen des Kanonikus, den Spinnereibesitzer Ludwig E. H. von Fisenne über,[241] der 1892 verstarb. Einige Jahre später kaufte Alfred Nellessen das Gut Kaisersruh, dessen Nachfahren es heute noch gehört. 1899 trat sein Sohn, Majoratsherr Georg Nellessen, den Besitz an. Er baute das Herrenhaus zu einem Schlößchen um, wodurch allerdings der biedermeierliche Reiz des schlichten Landhauses verlorenging. Der Park erfreute sich guter Pflege; um 1937 hieß es: „Die herrlichen Rhododendrongruppen am Weiher weisen das stattliche Alter von 70—100 Jahren auf". Hier sang die Nachtigall, die in Aachens Umgebung schon sehr selten geworden war.[242]

Haus Kaisersruh, im letzten Krieg kaum beschädigt, wurde nach Kriegsende vom General der belgischen Besatzungstruppe für etwa 10 Jahre als Residenz benutzt. Seit Jahren steht es leer. Von Dieben ausgeschlachtet, verfällt es langsam, weil sich keine neue Verwendung finden ließ. Auch die Marmorbüste des Zaren verschwand. Der landwirtschaftliche Betrieb jedoch geht weiter.

Das einstige Parkgelände liegt brach oder ist mit Pappeln aufgeforstet. Grenzen und Einteilung des Parks sind nicht mehr zu erkennen; die Anlage dürfte sich vom Herrenhaus an der Krefelder Straße bis hinunter ins Tal des Meisbachs und jenseits des Bachs den Steilhang hinauf bis zu jener Hügelkuppe erstreckt haben, die vom chinesischen Pavillon gekrönt war. Aber immer noch künden Bäume von der alten Zeit: ein Eichenwald mit einer 150 m langen Eßkastanien-

Allee, einige alte Blutbuchen, darunter ein freistehendes Exemplar von beachtlichem Umfang, eine baumförmige Eibe mit außergewöhnlich dickem Stamm, ein Ginkgobaum, ein Tulpenbaum, eine Sumpfzypresse.

Aus des Kanonikus Zeit sind die beiden Fischteiche mit der Brücke erhalten, die auf unserem Bild zu erkennen sind. Im schmiedeeisernen Gitter der Brücke lassen sich die Initialen L. v. F. entziffern: Ludwig von Fisenne.

Im Parkwald nahe der Krefelder Straße wartet eine Überraschung auf uns: dort steht noch die sehr alte Eiche, unter der sich laut Inschrift vor bald 170 Jahren Zar Alexander ausgeruht hatte — hier ist also die eigentliche „Kaisersruhe"! Ein erlesener Platz: man blickt aus dem Wald hinaus über das Landgut hinweg in den Talkessel, in dem man die Stadt ahnt. Wem es gelingt, den Lärm der Krefelder Straße und der nahen Autobahn zu überhören, der mag seine Gedanken in jene Zeit zurückschweifen lassen, da hier ein Glanzpunkt des Parks gewesen sein muß, wo vielleicht ein Genius loci spürbar war, der den feinsinnigen Kanonikus und seine Gäste beglückt hat.

Abschließend sei ein Sonett aus einer Aachener Wochenzeitung von 1838 wiedergegeben, das in jener gefühlvoll-romantischen Zeit die Leser sicherlich erfreut hat.[243]

Kaisersruh

Wo einst nur Heidekraut und dürre Reiser
Des Forschers Auge wild verworren fand,
Umschlingt die Gegend jetzt ein Zauberband.
Auf stillen Pfaden, leiser, immer leiser,
Bekränzt all überall durch Garten-Häuser,
Hebt sich empor, an bergesgrünem Rand,
Die neue Schöpfung schön im Lenz-Gewand;
Hier weilte einst der Russen großer Kaiser.
Und was gedeiht nur in des Südens Glühen,
Was fremde Zone nur hervorgebracht,
Er traf es in der Gärten Zauberpracht
So üppig, wie im Heimatlande blühen,
Und anerkennend dieses Werk mit Milde,
Erlaubt er, K a i s e r s r u h zu nennen die Gefilde.

(F. Cossmann)

Die Gärten des Hauses Eich

An der Eupener Straße liegt der große Komplex „Haus Eich", der heute das Pius-Gymnasium und eine Jugend-Begegnungsstätte umfaßt. Früher befand sich hier ein Landgut. Wie in Stadtführern des vorigen Jahrhunderts immer wieder erwähnt, waren sehenswerte Gärten mit diesem Gut verbunden. Als im Jahre 1731 Peter Geyer und seine Ehefrau Anna Elisabeth du Castel den Bauernhof Eich kauften und Stadtbaumeister Mefferdatis beauftragten, das ganze Anwesen baulich neu zu ordnen, entstand hier einer der stattlichsten Höfe des Aachener Landes. Mefferdatis gliederte die Bauten um einen großen viereckigen Hof, straßenwärts lag das Herrenhaus als markanter Blickfang — heute Eupener Str. Nr. 138 —, in den drei anderen Flügeln waren die Wohnung des Halbwinners (Pächters), die Stallungen und die Scheune untergebracht.[244]

In der ersten Hälfte des vorigen Jahrhunderts gehörte die Eich dem Wollhändler Karl Schwendler; er wohnte in der Jakobstraße, benutzte die Eich also wohl nur als Sommersitz; seine Gärten dort draußen wurden zur Besichtigung empfohlen.[245] Im Alter hat sich Schwendler ganz auf die Eich zurückgezogen.[246]

In den 1860er Jahren ging die Eich auf Julius Talbot über. Er war Mitinhaber der Waggonfabrik Talbot und Kommanditist des Hüttenwerks „Rothe Erde", das für die Fabrik ein wichtiger Zulieferer war. Als Mieter finden wir in der Eich den Weinwirt E. Beissel, der auch kalte und warme Bäder verabreichte. In einem Stadtführer heißt es: „Die Eich, in der Nähe von Burtscheid an der Eupener Straße gelegen, ist im Sommer der Sammelplatz der Fremden und Einheimischen. Der Ort hat eine herrliche Lage und schöne Gärten, Anlagen, Teiche und Spaziergänge. Mit der Restauration ist eine Kaltwasser-Anstalt verbunden."[247] Auch wird berichtet: „Das zu allen Bädern gebrauchte Wasser ist ausgezeichnet und von untadeliger Reinheit." „In der Saison hat der Kurgast die Wahl, auf der Eich Kuhmolken zu trinken oder im benachbarten Aachen Ziegenmolken."[248] Molke, ein Nebenprodukt der Käseherstellung, wurde seit ältesten Zeiten als Heilmittel getrunken. In Aachen und Burtscheid sollte sie anscheinend die Badekur gegen Rheuma unterstützen.

Schließlich ließ sich noch folgender Hinweis entdecken: „Eiche, so heißt ein mit guter, viel besuchter Restauration und mit Gartenanlagen versehenes Landhaus an der Eupener Chaussée. Während der Saison finden hier — gewöhnlich mittwochs und samstags nachmittags — größere Militärkonzerte statt, welche namentlich von den Abonnenten des Burtscheider Kurgartens stark besucht werden."[249] Nach 1900 stand die Eich mehrere Jahrzehnte im Eigentum der Familie Julius Keller, die auf der Eich wohnte und sich der Landwirtschaft widmete.

Bis in die 1940er Jahre dehnten sich der Park und die Nutzgärten entlang der Eupener Straße von der Ecke Ronheider Weg bis etwa zum Goldbach aus, allerdings war der Park teilweise Fichtenwald geworden. In ihm lag eine stimmungsvolle Waldwiese mit einem Pavillon in der Mitte. Am Rand der Wiese, hart an der Straße, zog eine majestätische Fichte die Blicke auf sich.

Im Krieg verwüstete eine Luftmine den Parkwald, das Herrenhaus brannte aus; bald nach dem Krieg wurde es instand gesetzt, wenn auch nicht völlig getreu dem alten Vorbild.[250]

Um 1952 wurde Haus Eich von der Diözese Aachen erworben. Aufgelockert durch hübsche Gartenanlagen entstanden in den folgenden Jahrzehnten auf dem ehemaligen Gartengelände südlich des Herrenhauses die Bauten des Bischöflichen Pius-Gymnasiums und das „Jugendbildungshaus des Bistums Aachen".

Gartentore aus der Biedermeierzeit

Diese Gartentore entwarf Stadtbaumeister Leydel im Jahre 1835 für Gärten im äußeren Stadtgraben entlang des heutigen Boxgrabens.[251] Ob die Entwürfe ausgeführt wurden, wissen wir nicht, hier seien sie als Beispiele für die Formenharmonie jener Zeit wiedergegeben, die sich in den Bauten des Klassizismus in Aachen allenthalben niederschlug.

Der heutige Boxgraben war damals ein Teil der um die Stadt führenden „Promenade", eines Spazierweges auf dem alten Befestigungswall mit doppelter Baumreihe, wie der Rappard'sche Plan von 1860 erkennen läßt. Zwischen Marschiertor und Schanz werden Gartenfreunde gern promeniert sein, weil besonders viele Gärten zu sehen waren. Stadteinwärts begleitete der vertiefte Graben die Promenade, dort reihte sich

ein Garten an den anderen, dahinter lag die Stadtmauer. Auf der Gegenseite blickte man in die freie Landschaft bis zum Wald. Zu den wenigen Bauten, die man sah, gehörte die Tuchfabrik von Siegfried und Eduard Waldthausen unten am Ponellbach, der offen dahinfloß, oben, nahe der Schanz, nahm das Anwesen „Rosenhügel" mit mehreren großen Gärten den Blick gefangen; der Gärtner Johann Kohnemann wohnte hier. Etwa auf halber Höhe lag „Bocks Garten", wohl ein Gelände der Familie Bock, nach der um 1864 dieser Teil der Promenade offiziell „Boxgraben" genannt wurde. Die Stadtmauer nebst den Grabengärten blieb hier am längsten erhalten, erst die Bautätigkeit der späten 1860er Jahre machte auch am Boxgraben der alten Zeit ein Ende.

Eine Blumenausstellung in der Biedermeierzeit

Im Jahre 1842 veranstaltete der Handelsgärtner Graef im großen Saal des Robensgartens eine Blumenausstellung. Die entsprechenden Zeitungsangaben vermitteln uns ein anschauliches Bild über das Aachener Gartenleben in der Zeit des Biedermeier. Zunächst die Einladung (Stadt-Aachener Zeitung vom 2. 6. 1842).

Blumen-Ausstellung
Exposition des Fleurs

Unterzeichneter wird nächsten Sonntag, den 5., 6. und 7. Juni im Gartensaale des Hrn. Robens vor Köln-tor eine Blumen-Ausstellung veranstalten, wozu ich alle Blumenliebhaber mit der Versicherung einlade, daß solche daselbst Pflanzen vorfinden werden, welche an Schönheit und Seltenheit auch die kühnsten Erwartungen übertreffen werden und will nur unter anderen der berühmten Nepenthes destillatoria und einer Sammlung von 200 auserlesenen Varietäten Calceolorien und neuester Pelargonien erwähnen.
— Der Zutritt steht allen honetten Personen offen.
Aachen, den 30. 5. 1842
H. A. Graef, Handelsgärtner.

Über den Gärtner Graef war nichts Näheres zu erfahren. — Er spricht in der Überschrift die Interessenten in deutsch und französisch an, um auch die Kurgäste, die meist französisch sprachen, aufmerksam zu machen. — Nepenthes: eine insektenfangende Tropenpflanze, die damals großes Aufsehen erregte; Calceolarien: Pantoffelblumen; Pelargonien: allgemein als „Geranien" bekannt.
Über die Ausstellung brachte die Zeitung einen Bericht aus der Feder von Dr. Joseph Müller, dem naturwissenschaftlichen Lehrer am Kaiser-Karls-Gymnasium, der wohl als bester Kenner der damaligen Aachener Gartensituation gelten kann. Der Bericht lautet:
„Im Verlauf der letzten zehn Jahren hat sich hier in Aachen die Blumen-Liebhaberei nicht nur verdoppelt, sondern verzehnfacht und zwar nicht nur in der reichern Klasse, bei welcher es theilweise schon lan-

ge Modesache war ein Treibhaus zu haben, wenn auch ein blumenarmes, sondern auch im Bürgerstande, wo sich die Liebhaberei auf Leukojen, Reseda und Nelken beschränkte. Was aber lange Zeit bei den Reichern Modesache war, ist wirkliche Liebhaberei geworden, ihre Gärten und Treibhäuser füllen sich nach und nach mit einer Auswahl seltener Pflanzen, und was mehr als dieses ist, die Besitzer und Besitzerinnen derselben haben sich theilweise einige wissenschaftliche botanische Kenntnisse angeeignet, wodurch die Beschäftigung mit den Pflanzen für sie erst eine geistige und die Liebhaberei eine wahrhaft genußreiche werden kann. Wo ein wissenschaftliches Element der Träger einer Liebhaberei geworden ist, da kann sie erst recht gedeihen, und bleibt der Mode nicht leicht mehr unterworfen. Der Bürger, der Handwerker, der Fabrikarbeiter freut sich in anderer Weise über einige Pflanzen, die er sorglich hegt und pflegt und zur Blüthe bringt, ihm gewährt die Pflege der Pflanze selbst, der Glanz der Farbe und der Duft der Blüthe einen eben so großen Genuß, als dem Kenner und Botaniker die Formationen und Variationen der Blüthen mit allen den geheimnißvollen und wunderbaren Eigenschaften der Pflanzen, welche sie hervor bringt. Den Pflanzenkundigen lassen aber jene Eigenschaften zugleich Gottes Allmacht, Weisheit und Güte in hellen Zügen lesen, und erfüllen ihn mit Bewunderung über die Werke des Schöpfers. Wer sollte den Einfluß verkennen, welchen eine Blumen-Liebhaberei im wissenschaftlichen Sinne auf geistige und moralische Bildung ausübt? Wer sollte sich nicht freuen, wenn er die Liebe für Pflanzen und Blumen wachsen und sich vermehren sieht? Wer sollte es denen nicht danken, welche dazu beitragen diese Liebe zu wecken und zu fördern? Zu Letzteren gehört vor allen der hiesige Handelsgärtner Herr H. A. Graef, welchem die Blumenfreunde in den letzten Jahren schon dadurch manchen schönen Genuß verdanken, daß er mit nicht geringen Kosten von fernher so viele Seltenheiten in der Pflanzenwelt in seine Treibhäuser brachte, welche zu jeder Zeit für Fremde und Einheimische geöffnet sind. Durch die Blumen-Ausstellung in Robens Garten, welche wir am Sonntag zu bewundern die Freude hatten, verdient Herr Graef aufs Neue den Dank und die Aufmunterung seiner Mitbürger. Wir dürfen wohl behaupten, hier in Aachen nie eine Blumen-Ausstellung gesehen zu haben, welche mit dieser sowohl an Reichthum blühender Gewächse, an Zahl und Neuheit der Species einzelner Gattungen, sowie an Sorgfalt in der Pflege und dadurch an Ueppigkeit und Pracht der Exemplare, als auch an einzelne Seltenheiten zu vergleichen gewesen wäre. Wen möchte wohl die Sammlung von etwa 200 Calceolarien nicht in Erstaunen gesetzt haben? Es sind sämmtliche Varietäten aus Saamen gewonnen, durch Zeichnung, Größe und Farbenpracht die eine schöner als die andere. Nach diesen fielen wohl die Pelargonien, nach der Aussage des Herrn Graef, 294 an der Zahl zunächst auf. Die meisten derselben waren in einer Gruppe zusammengestellt und gewährten eine wahre Augenweide. Außer den schönsten Rundungen der Formen und der ungewöhnlichen Größe der Blüthen zeichnen dieselben sich am meisten durch Neuheit der Farbenmischungen aus. Den Pelargonien gegenüber befand sich eine Gruppe Camellias, welche nach unserer Ansicht der Geschicklichkeit des Gärtners als Blumenpfleger bei den Kennern wohl das größte Lob gebracht haben. Die Gesundheit, Ueppigkeit und Schönheit des Wuchses dieser Pflanzen ist ausgezeichnet. Ein schönes Exemplar der weltberühmten Camellia Queen Victoria war nebst einer Abbildung der Blüthe besonders ausgestellt. Wir freuen uns im Voraus schon auf die Blüthezeit dieser herrlichen Pflanze. Auch unter den Fuchsias bemerkten wir schöne, neue Varietäten, wie es uns scheint Hibriden, meist aus F. fulgens und globosa, welche sich durch auffallende Größe auszeichneten. Von der Gattung Verbena sind viele neue Varietäten mehr durch sehr delikate, als grelle Farben, besonders aber auch durch die Größe der Blüthen hervorzuheben. Nicht minder zahlreich an Varietäten ist die Gattung Mimulus, worunter M. Thompsoni und M. Parmentieri besonderer Erwähnung verdienen. Eine Sammlung Pensées (Viola altaica maxima) nach der beigeschriebenen Nummer in 250 Varietäten war in einzelnen Gruppen sehr geschmackvoll auf den Tischen in der Mitte angebracht. Jede einzelne Nummer derselben zeigte neue Schönheiten. Eine schöne Auswahl blühender Rosen aus der bekannten Sammlung des Herrn Graef (in 400 Varietäten)

schmückte als Guirlande den Rand der Tische. Es würde uns hier zu weit führen, wenn wir über alle einzelne ausgestellte Pflanzen-Gattungen berichten wollten, wir führen daher ihrer Seltenheit wegen nur noch an Nepenthes distillatoria und Sarracenia purpurea, welche bis jetzt noch in keinem hiesigen Treibhaus gesehen wurden. Durch Ueppigkeit des Wuchses und Schönheit der Blüthe fielen uns besonders in die Augen Alstroemeria tricolor und Schizantus Grahamii. Die ganze Anordnung und Gruppierung der Pflanzen war sehr geschmackvoll. Herr Graef bewährt sich täglich mehr als tüchtiger theoretischer und praktischer Botaniker, möge ihm für seine vielen und großen Bemühungen die gebührende Anerkennung zu Theil werden."

(Stadt-Aachener Zeitung 7. 6. 1842)

Aus diesem Bericht erfahren wir, daß bei etlichen Aachener Gartenfreunden schon Gewächshäuser standen und die Pflanzenliebhaberei so stark verbreitet war, wie dies allgemein aus Deutschland gemeldet wurde (vergl. S. 79). Auch in dieser Entfaltung des naturwissenschaftlich-gärtnerischen Interesses spiegelt sich das bekannte Aufblühen der Bürgerkultur in der Biedermeierzeit wider! — Man horcht auf bei den Bemerkungen Müllers über die verschiedenen Blumeninteressen der „reichen Klasse", der Bürger, der Handwerker und der Fabrikarbeiter — die ständische Schichtung war auch im Garten ausgeprägt! — Mit Verwunderung nehmen wir die enorme Anzahl der Varietäten von Zimmer- und Freilandgewächsen wahr, die gärtnerisch ernstgenommen wurden. Heute haben moderne Zwänge zur Rationalisierung, zu Sortenauslese und Sortenbeschränkung längst mit derartigen Zahlen aufgeräumt — aber sie zeigen uns doch wohl den staunenswerten Eifer der Liebhaber und Gärtner im Biedermeier! Sicherlich lassen sich aus Müllers Bericht Rückschlüsse auf die große Bedeutung des Gartens in jener Zeit ableiten.

Dr. Joseph Müller hat seinerzeit seine Mitbürger mit Erzählungen und Gedichten in Aachener Mundart begeistert — und manches davon ist auch heute noch ergötzlich zu lesen, weshalb man ihm zu Ehren die Jupp-Müller-Straße benannt hat. Seine naturwissenschaftlichen Leistungen jedoch scheinen vergessen zu sein.

Als im vorigen Jahrhundert das botanische Interesse in weiten Kreisen erwachte, war in Aachen Joseph

Dr. Joseph Müller. Bronzeplatte auf seinem Grab im Ostfriedhof, gestiftet vom Verein Öcher Platt.

Abhandlungen für die „Programme" des Kaiser-Karls-Gymnasiums. Müller war auch der Initiator einer naturwissenschaftlichen Bibliothek in Aachen. Besonders ist hier hervorzuheben, daß Müller Gartenbau-Ausstellungen angeregt hat, die jahrelang in den Hallen hinter dem Kurhaus an der Komphausbadstraße stattfanden und sicherlich der hiesigen Gartenkultur Impulse vermittelt haben. Ein Zeitgenosse schrieb darüber: Hier ...„finden in der schönen Jahreszeit zwei interessante Ausstellungen statt: im Frühling eine Blumenausstellung und im Spätsommer eine Ausstellung von Blumen, Früchten und Gemüsen. Beide Ausstellungen, welche erst vor mehreren Jahren nach einer Idee des um die Stadt vielfach verdienten Dr. J. Müller ins Leben getreten sind, erfreuen sich einer großen Teilnahme, und Hortologen, Pomologen und Blumisten — alle drei Klassen sind in diesem irdischen Eden reichlich vertreten — bereichern sie mit Vergnügen."[252]

Bei den Schülern im Karls-Gymnasium hatte Dr. Joseph Müller den Spitznamen „Der jölde Jupp". Das zielte auf seine goldene Brille und seine oft benutzte goldene Schnupftabakdose, doch hat man diesen Spitznamen auch auf das goldene Herz bezogen, das Müller als Lehrer, Schriftsteller, Naturforscher und Gartenfreund gezeigt hat.

Müller der erste, der eine Flora des hiesigen Gebietes verfaßte: „Prodromus der phanerogamischen Flora von Aachen" (1. Aufl. 1832, 2. Aufl. 1836). Dieser „Vorläufer" stellte die wild wachsenden Blüten-Pflanzen dar, die man in einer zweistündigen Wanderung von Aachen aus antreffen konnte. 895 Arten führte Müller auf. „Eine manigfaltigere Abwechslung in so kleinem Umfange als sich hier darbietet, möchte wohl schwerlich in Deutschland anzutreffen sein" schreibt er im Vorwort seiner Schrift. Ein weiteres Interessengebiet Müllers waren die vorweltlichen Pflanzen. Seine große Sammlung der bei Aachen vorkommenden Versteinerungen dieser einstigen Lebewesen kam später an die Technische Hochschule. Die „Monographie der Petrefacten der Aachener Kreideformation" erschien in drei Heften 1847—1851. Ferner verfaßte er mehrere naturwissenschaftliche

Die erste Gartenkolonie „extra muros"

Es war ein Signal für die Bauentwicklung unserer Stadt, als draußen vor den Toren die erste Gartenkolonie entstand. „Extra muros", „außerhalb der Stadtmauern" war die offizielle Lagebezeichnung, sie zeigte an, daß der Siedlungsraum innerhalb der Mauern zu eng geworden war und die Baulandreserve, die 500 Jahre vorgehalten hatte, zu Ende ging. Andere Städte hatten sich schon längst außerhalb ihrer Mauern mit einem Kranz von Gärten umgeben müssen, die „Gartenstadt" Aachen hatte das nicht nötig gehabt.

Im Jahre 1832 geschah dieses „Signal". Am 9. Mai wurden in der Aachener Zeitung 15 Parzellen „vor Adalbertstor" zur Pacht auf 12 Jahre angeboten; sie lagen auf der linken Seite des Adalbertsteinwegs zwischen der Pulvermühle und dem Ostfriedhof, wie unser Kartenausschnitt erkennen läßt.

Von den Parzellen wurde gesagt, daß sie „sich sowohl wegen ihrer vorteilhaften Lage zur Kultur alle Gemüsearten, wie auch wegen der schönen Aussicht vorzüglich zu Gärten für solche Bürgerfamilien eignen, welche die Gartenkultur weniger als Gewerbe, als vielmehr zum Vergnügen betreiben".[253]

Es handelte sich hier nicht um „Schrebergärten", wie sie später sozial schwachen Bürgern zu minimaler Pacht überlassen wurden, vielmehr kam es dem Verpächter — das war die Armen-Verwaltungs-Kommission der Stadt — darauf an, eine möglichst hohe Pacht zu ersteigern zugunsten der Armenpflege. Weil bei der Verpachtung die Nachfrage über Erwarten groß war, teilte man in der Zeitung mit, daß noch zwei Tage lang Mehrgebote angenommen würden.

Die Gärten waren meist ca. 1100 qm groß. Ihre erhöhte Lage am Rande des Wurmtals war reizvoll, denn man überblickte die ganze Stadt und einen weiten Teil ihrer Umgebung. Nach ein paar Jahren schrieb die Zeitung: „Vor dem Adalbertstor hat sich alles bedeutend verschönert. Gleich vor demselben ist jetzt die Villa nova mit schönen Gartenanlagen, woran sich weiter hinauf eine ganze Reihe niedlicher Gärten anschließt, die einen wirklich erfreulichen Anblick gewähren."[254]

Schon ein halbes Jahr nach der Gründung der ersten Gartenkolonie tat Notar Rüssel kund: „Vor Adalbertstor am Wege nach Burtscheid — heute Wilhelmstraße — gelegene Wiesen sind in Parzellen von 80 à 200 Ruthen zu Gärten eingeteilt und werden auf 10 Jahre öffentlich verpachtet."[255] So tastete sich die Stadt nach draußen vor, auf die Gärten folgten die Häuser, der geschlossene Organismus der ummauerten Stadt löste sich auf und Aachen begann auszuufern. Das Industriezeitalter war hereingebrochen.

Ausschnitt aus dem Rappard'schen Plan (1860) mit dem Adalbertsteinweg; an ihm zieht sich die Gartenkolonie entlang.

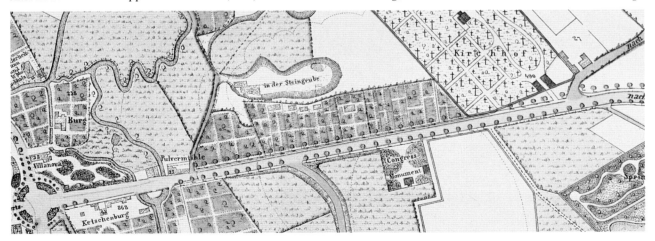

Englische Gärten überall

Nachdem der englische Landschaftsgarten um 1775 mit dem Drimborner Labyrinth in Aachen Fuß gefaßt hatte, war seine Herrschaft bald nach 1800 unbestritten, zumal die großen öffentlichen Anlagen auf dem Lousberg und an den Promenaden (Heinrichs- und Monheimsallee) als Vorbilder für englische Gartenkunst dienten.

Zügig wurden nun barocke Gärten in englische Anlagen umgeändert — z. B. der Park des Hauses Bodenhof an der Eupener Straße (siehe S. 45) — oder es entstanden neue Parks an den Pachtgütern, die den Eigentümern aus der Stadt als Sommeraufenthalt dienten, wie bereits am Beispiel des Gutes Müsch gezeigt werden konnte.

Nach englischem Vorbild wird der neue Stil zunächst bei großen Anlagen, die tatsächlich „Landschaft"

Haus Schöntal am Beverbach. Lithographie aus der Zeit um 1860. Man sieht Blumenpflanzungen im Rasen als „Blumenkörbe", wie sie damals Mode waren. — Von dem im Text genannten Tuchfabrikanten Kelleter hatte die Familie Nellessen das Haus Schöntal geerbt und zu einem neugotischen Herrensitz ausgebaut, wie unser Bild zeigt. Das mit ihm verbundene Gut wurde zum Rittergut erhoben. Der Zweite Weltkrieg machte Haus und Park dem Erdboden gleich. Übrig blieb ein Tulpenbaum, der heute in imposanter Größe die zeitgemäß schlichte Anlage beherrscht. Der zum Gutsbezirk gehörende Wald war früher Wildpark, sein Name „Nellessens Park" ist auch heute noch gebräuchlich.

darstellten, angewandt worden sein, z. B. am Gut Weide nahe der Trierer Straße, wo 1827 ein „englischer Garten ... groß 14½ Morgen, 19 Ruthen, 12 Fuß" bestand[256] oder am Gut Heidchen nahe der Eupener Straße, dessen Gartenpflanzungen wohl noch in die Zeit vor 1800 zurückgehen[257] (vergl. S. 120) — oder am Gut Schöntal nahe der heutigen Adenauerallee, wo vor 1829 „die höchst prachtvollen Anlagen des Herrn Kelleter"[258] entstanden sind.

Doch der Landschaftsstil ließ sich auch in kleineren Anlagen verwirklichen, z. B. am heute verwilderten Garten des „Kleinen Neuenhof" im Vaalserquartier oder im Garten Springsfeld, der ausnahmsweise nicht an einen Gutshof angelehnt war.[259]

Die Pächter der Landgüter und die selbständigen Landwirte hielten allerdings in ihrem eigenen Bereich noch lange am althergebrachten „Bauerngarten" fest. Dort konnte man auch Stil-Relikte aus der Barockzeit finden, etwa die aus Weißdorn geschnittenen Heckenfiguren. So begrüßte noch vor dem letzten Krieg am Neuenhof in Siegel ein großer Pfau auf der Hecke des Gemüsegartens die Spaziergänger. Glanzstück dieser „Kunst" war eine Hecke in der Soers, auf der die Tiere des Bauern paradierten: das Pferd, eine Kuh, ein Kalb und das Federvieh — welche Mühe, diese grüne Galerie alljährlich mit der Heckenschere zu pflegen! An einer Stelle kann man auch heute noch die alte Heckenkunst sehen: am Gut Mühlenbach zwischen Horbach und Kohlscheid bewachen zwei Geflügelte den Eingang.

Beliebte Motive aus alter Zeit zeigt auch heute noch der Vorgarten des schmucken Hofes Strüver in der Soers: die Kastanie als Hausbaum wirkt zur Blütezeit wie ein Fanal in der Landschaft, die Hänge-Esche war im alten Aachen sehr beliebt, weil ihre herunterhängenden Zweige eine runde Laube bildeten, die tonnenförmig geschnittenen Eiben sind eine Erinnerung an barocke Garteneffekte. Auch das Törchen verdient Beachtung als schlichte, gute Handwerksarbeit.

Der Siegeszug des Englischen Gartens begnügte sich nicht mit der Eroberung der herrschaftlichen Landsitze, er drang auch in die Innenstädte ein. So entstan-

Heckenfigur vor dem Hof Mühlenbach.

Garten vor dem Hof Strüver.

den im Aachen des vorigen Jahrhunderts hinter Stadt-
häusern kleine und kleinste „Landschaften" mit
geschlängelten Wegen zwischen Gehölzgruppen und
Rasenflächen. Die letzteren nannte man „Wiesen"
oder „Bleichen", bis man sich an den neuen Begriff
„Rasen" gewöhnt hatte.
Der Rappard'sche Plan von 1860 hebt innerhalb der
Stadtmauern die sechs größten Gärten deutlich hervor, einige sind so groß, daß wir sie heute als Park
bezeichnen würden. Wir finden dort die bereits be-
sprochenen Gärten Bischoff, Lochner und Deusner,
ferner den Garten am Präsidial-Gebäude, der Wohnung des Regierungspräsidenten Ecke Ursuliner- und
Hartmannstraße, dessen Gelände nach dem letzten
Krieg in den öffentlichen Elisengarten einbezogen
wurde. Weiter zeigt der Plan den Garten am „Eta-
blissement von Jos. Menghius", einer Samt- und Sei-
denband-Fabrik, Peterstraße 50, sowie den Garten
des Bankiers Charles Suermondt, Harscampstr. 18.
Unmittelbar vor der Stadtmauer finden wir auf dem
Plan die Anlage „Am Rosenhügel", Boxgraben 99,
dort steht heute das Luisenhospital; die mächtigen
Buchen auf seinem Parkplatz stammen aus der alten
Anlage. Vor dem Adalbertstor (Kaiserplatz) lag
der große Garten der Villa nova, Heinrichsallee 2

(s. Planausschnitt S. 101). Hier hatte der holländische
General Baron de Royé van Wichem das alte „Neuen-
sche Häuschen" gekauft und an dessen Stelle seinen
Altersruhesitz errichtet; der Mode entsprechend lati-
nisierte er den alten Namen in „Villa nova". In Aachen
scheint man sich darüber gefreut zu haben, denn der
Archivar Kraemer bemerkt in seinen Aufzeichnungen: „Herr General de Royé kauft Neuenshäuschen
für 9500 T von Herrn Heucken, verschönert die Gegend mittelst Anlage einer englischen Gartenpartie,
wo früher eine ewig staubbedeckte Gemüse- und Kap-
puswüsteney inmitten der umliegenden Stadtver-
schönerungsanlagen sich widerlich ausnahm."[260]
Später etablierte sich hier der Großunternehmer Gerhard Rehm, der das „Rehmviertel" anlegte. Sein
Wohnhaus Ecke Heinrichsallee/Kaiserplatz ist äu-
ßerlich in etwa erhalten, ein Café in diesem großen
Bau bewahrt den Namen „Villa Nova"; den Garten
sucht man allerdings heute vergeblich.
Auch für Burtscheid weist der Rappard-Plan große
Gärten aus. An der Casinostraße, die über den Grenz-
hügel zwischen Aachen und Burtscheid führt und die
beste Wohnlage für Burtscheid bot, lagen die Häuser
des Burtscheider Casinos, des Tuchfabrikanten
Friedrich Erckens[261] und des Tuchfabrikanten Ale-

xander Dubois de Luchet mit großen Gärten. Weil die Stadt Aachen eine Bebauung der Casinostraße auf ihrer Seite unterließ, hatte man von hier oben einen großartigen Rundblick auf Aachen einerseits und auf Burtscheid mit der schönen Stadtkrone seiner beiden Kirchen andererseits. — Sodann lag in Burtscheid der sehr große Park des Nadelfabrikanten Johann Friedrich Pastor, der von dessen Wohnhaus Ecke Altdorfstraße/Eckenberger Straße bis hinunter zum Wurmbach am Kapellenplatz und an der Malmedyer Straße reichte. — Beiderseits des schloßartigen Hauses Eckenberg lag je ein großer Garten. Jakob Couven hatte diesen Bau als Doppelhaus für die unverheirateten Brüder Gotthard und Friedrich Pastor geschaffen — zwei Sonderlinge —, also mußten auch getrennte Gärten vorhanden sein! — In der Neustraße legte Franz Klausener, Nachfahre der Tiroler Handwerker, welche die barocken Kirchen in Burtscheid gebaut hatten, hinter seinem Wohnhaus einen Park an, es ist der einzige große Privatgarten des Rappard-Plans, der heute noch in etwa erhalten ist.

Aus der unübersehbar großen Zahl der einstigen kleineren Gärten im Innern der Stadt sei hier der Garten des Hauses Schildstraße 7 erwähnt. Viele Aachener haben Jugenderinnerungen an dieses Haus, ist es doch seit 1919 das Domizil der Tanzschule Radermacher! Erbaut wurde es um die Mitte des vorigen Jahrhunderts von Major von Messow, Architekt Wittfeld gab ihm die prachtvolle spätklassizistische Fassade, die noch erhalten ist; im Erdgeschoß überrascht ein reichstuckierter Festsaal. Im Garten steht eine Statue der Jagdgöttin Diana. Derartige Bildwerke gehörten damals zur Ausstattung eines noblen Gartens. Den Hintergrund des Gartens bildet eine Grotte aus roter Eifel-Lava, einst begehrter Stimmungseffekt in fast jedem Garten. Drei Linden, ein Ahorn und vor allem eine Platane ragen in den Himmel und bieten allen, die auf den entsprechenden Seiten der Schild- und Harscampstraße „nach hinten hinaus" wohnen, einen Blick ins Grüne. Die Eigentümerin schenkt dem alten Haus und seinem Garten liebevolle Obhut und scheut keinen Einsatz, um Schönes zu erhalten.

Hier ist ein Kuriosum einzuschalten. Mitten in jener Zeit, in der man dem englischen Garten huldigte, hatte der damals 30jährige Spinnereibesitzer Gottfried Pastor den Mut, einen „altmodischen" französi-

Die Jagdgöttin im Garten Schildstr. 7

schen Garten anzulegen, benachbart seiner Spinnerei in der „Unteren Papiermühle" (Augustastraße 78, heute Bekleidungswerk Zimmermann). Pastor tat dies seiner jungen Frau zuliebe, der Französin Laurencine Rouy. Die Hochzeit hatte 1839 stattgefunden. In Frankreich konnte der englische Stil nur schwer Fuß fassen, weil viele Franzosen von ihrer großen Tradition der regelmäßigen Gartengestaltung nicht abgehen wollten. Und so sollte denn Laurencine Pastor in ihrem sehr großen Aachener Garten ein Stückchen französische Heimat finden![262]

Es folgen nun Hinweise auf weitere Parks vor den Toren der Stadt, die heute ein ehrwürdiges Alter erreicht haben. Auch hierbei beschränken wir uns auf Beispiele.

Der Lammertz-Park

bietet einen herrlichen Ausblick auf die Stadt (Abb. S. 8). Am steilen Abhang des Salvatorbergs, oberhalb der Ludwigsallee, hatte sich Leo Lammertz um 1870 eine italienische Villa erbaut. Von dort hatte er es nicht weit bis zu seiner Nadelfabrik in der Achterstraße. Rings um die Villa legte er einen Garten von 2000 qm Fläche an. — Nach seinem Tod erwarb 1926 die Stadt das Gelände, der Garten wurde in die Salvatorberganlage einbezogen, die Villa an die Aachener Knappschaft als Direktorwohnung übertragen. Im Zweiten Weltkrieg brannte die Villa aus, ihr Rest wurde beseitigt. 1956 gestaltete das Gartenamt die Grünanlage neu.[263]

Der Park des Hauses Paffenbroich

im Vaalserquartier hat mehrmals im Jahr seine hohe Zeit: im ersten Frühling sind die Rasenflächen besät mit Schneeglanz (Abb. S. 40), Szilla und Narzissen, im späten Frühjahr blühen die sehr alten, mächtigen Rhododendronbüsche und im Sommer geben bunte Stauden und Rosen den Ton an (Abb. S. 41). — Zu Beginn des vorigen Jahrhunderts hatte der Tuchfabrikant Peter Jakob Püngeler (vergl. S. 26) das Landgut Paffenbroich erworben, 1878 baute die Familie Püngeler den in der Nähe des Gutes gelegenen Pferdestall einer Postrelaisstation zur Wohnung aus und legte in zwei Etappen den großen Garten an, der heute, nach über 100jähriger Entwicklung, einen prächtigen Eindruck macht. Vorübergehend stand hier das „Püngelersche Gittertor" (S. 24), heute ein Prunkstück des Suermondt-Ludwig-Museums.

Im Park von Haus Linde

in Laurensberg blühen im März abertausend Schneeglöckchen (Abb. S. 12). Haus Linde, Laurentiusstraße 20, ist eine der stattlichsten Hofanlagen des Aachener Landes.

Haus Diepenbenden

am Fuß der Aachener Waldhöhen war einst ein großes Wiesengut. Um 1800 entstand das Herrenhaus mit seinem Park (Abb. S. 28). Er erstreckt sich einen bewaldeten Hang hinauf, eine Sichtachse ist von Bäumen freigehalten und seitlich von rotlaubigen Gehölzen betont (Abb. S. 29). Diese Schneise verjüngt sich und läßt dadurch die Ausdehnung noch größer erscheinen. Blickpunkt ist schließlich eine rotblühende Kastanie. Durch den oberen Teil des Parks fließt in einem Mühlgraben der Wurmbach, er bildet einen romantischen Waldteich (Abb. S. 20). Der Überlauf des Teiches wird durch ein Rohr in die Tiefe geleitet und betreibt dort einen „natürlichen" Springbrunnen — seit über 150 Jahren![264] Der Park ist in den Händen einer gartenbegeisterten Familie, die insbesondere mit Rhododendron und anderen, auch seltenen Blütensträuchern die Anlage bereichert hat.

Der Park des Hauses Höfchen

im Höfchensweg verdient besondere Beachtung, weil er in seiner Vielseitigkeit ein treffliches Beispiel der Landschafts-Gartenkunst ist und seit seiner Entstehung in der Zeit um 1900 den Charakter eines noblen Privatparks unverändert bewahren konnte.

Der Gutshof „Höfchen" war schon seit mindestens drei Jahrhunderten ein gewisser Mittelpunkt der „Aachener Heide", des Bauernlandes zwischen der Stadt und dem Wald. Sein Besitzer hatte im Jahre 1677 neben dem Hof eine Kapelle für die Bauern der „Heide" errichtet, der Bischof von Lüttich hatte sie dem Schutzpatron der Bauern, dem hl. Antonius geweiht, wonach der Hof „St. Tönis Höfchen" genannt wurde; er war durch Wassergräben geschützt[265]. Um die Mitte des vorigen Jahrhunderts kam Höfchen in den Besitz der Hotelier-Familie Dremel. 1902 wandelte Joachim Dremel den Gutshof in einen Wohnsitz um, indem er durch einen belgischen Architekten ein Landhaus im Stil der belgischen „Schlößchen" errichten ließ, wobei alte Bausubstanz des Hofes geschickt eingegliedert wurde. Der Lütticher Gartengestalter Galopin legte den Park in großzügiger Weise an. Seit den 1920er Jahren ist Höfchen in den Händen der Familie Cadenbach. Dank des außerordentlichen Garten-Interesses seiner Besitzer ist der Park durch sinnvolle Eingriffe oder Zupflanzungen weiterentwickelt worden; er befindet sich in bestem Pflegezustand.

In diesem Park gehen Elemente alter Parkkultur und freie Naturentfaltung ineinander über, wodurch unser heutiges Naturempfinden lebhaft angesprochen wird. Der Park liegt im Tälchen des Predigerbachs; an höchster Stelle, nahe dem Höfchensweg, steht auch heute noch die alte Kapelle, unter ihr liegt die Villa. Ihr ist seitlich ein bunter Blumengarten angegliedert, vor ihr dehnt sich das klassische „Bowlinggreen" aus, die kurzgehaltene Rasenfläche. Sie lenkt den Blick hinunter ins Tälchen auf einen langgestreckten Weiher und ein Rhododendron-Boskett, zu beiden Seiten begrenzen dekorative Einzelbäume den Blick, während hinter dem Weiher ein Buchenwald das Parkbild abschließt. Weiter aufwärts im Tälchen liegen mehre-

re, vom Predigerbach durchflossene Fischteiche, sie sind in einen Waldstreifen eingebettet, in dem alte Eichen, wohl Reste eines früheren Bauernwaldes, den Ton angeben. Überall begegnet uns im Park frei wachsende Natur: an den Teichrändern wuchern wilde Schwertlilien, in Wiesenstücken blüht es bunt von Margeriten, Kuckuckslichtnelken und Hahnenfuß, viele Vögel wissen die Ruhe und Lebensharmonie des Parks zu schätzen.

Unsere Bilder versuchen Stimmungen aus diesem mit großem Verständnis gehegten Park zu vermitteln: Seite 86, 87, 106—109, 114/115.

Haus Höfchen in seinem Park.

Frühling im Park von Haus Höfchen.

Der große Weiher im Park von Haus Höfchen.

Blick durch rotes Laub auf Haus Höfchen.

Haus Ferber

Jenseits der Soers liegt auf der Anhöhe von Berensberg das Landgut Ferber. Hier erbaute sich um 1790 Matthias Peltzer, Besitzer des Kupferhofes Grünenthal in Stolberg, einen kleinen Sommersitz mit Park. Im Laufe des 19. Jahrhunderts wurden Herrenhaus und Gutshof schrittweise vergrößert. Nachdem das Anwesen mehrfach den Besitzer gewechselt hatte, ist es nun wieder in den Händen der Familie Peltzer. Sie bringt für ihren Park jenen ideellen Einsatz auf, der heute nötig ist, um eine so große Anlage zu unterhalten.

Vor dem Wohnhaus breitet sich in weitem Halbkreis ein Bestand von exotischen Gehölzen aus; besonders fallen auf ein mächtiger Mammutbaum, eine seltene Magnolie (Magnolia hypoleuca) und eine Kopfeibe (Cephalotaxus). Alte Rhododendron-Gruppen bieten hier und im anschließenden Waldpark zum Sommerbeginn ein buntes Farbenspiel. Dem westlichen Parkteil verleihen mehrere sehr starke Eßkastanien ein eigenes Gepräge. — Die umliegenden Felder und Wiesen des Gutes werden durch Alleen und Grenzpflanzungen belebt, die schon vor Generationen angelegt worden sind und wohl eine „Landesverschönerung" darstellen, wie sie in der ersten Hälfte des vorigen Jahrhunderts propagiert worden war. Nach alten Landkarten wiesen damals beispielsweise auch die Ländereien von Schloß Rahe ein Netz von Alleen auf und boten damit vielfache Gelegenheit zum Promenieren. Aus jener Zeit sind in der Aachener Landschaft nur noch die Alleen von Gut Ferber erhalten, jedenfalls in ihrer Anlage, die Bepflanzung mag gewechselt haben.

Baumgruppe im Park von Gut Ferber in Berensberg.

Ein Mammutbaum beherrscht die Park-Szenerie vor dem Wohnhaus von Gut Ferber.

Exzellente Gartenplanungen

Zwei Briefe einer bekannten Aachener Persönlichkeit sollen uns zeigen, welche Vorstellungen, aber auch welche Probleme ein ernsthafter Gartenfreund vor 100 Jahren bei der Planung seiner Gärten hatte.

Leonhard Monheim hat diese Briefe geschrieben. Er besaß eine „Spezereiwarenhandlung" und gründete jene Schokoladenfabrik, die in unserer Zeit zum größten Schokoladenwerk Deutschlands emporsteigen sollte.

Die Stadtwohnung Monheims befand sich um das Jahr 1870 in der Theaterstraße Nr. 50. Er hatte den Ehrgeiz, die Pflanzen für seinen dort neu anzulegenden Garten aus Samen heranzuziehen und schrieb deshalb an die Erfurter Samenhandlung C. Platz u. Söhne wie folgt (Erfurt war die Zentrale der deutschen Samenzucht): „Durch Ihren Vertreter Herrn Carl Frank, hier, habe ich mir das Hauptverzeichnis Ihrer Blumen- und Gemüsesamen 1870/71 besorgt ... nun wollte ich als Blumenfreund Sie ersuchen, mich in Betreff der Sämereien, die ich bestelle, darin zu unterstützen, daß Sie mir kurz angeben: in welchem Boden sie wachsen, wie die Samen zum Keimen zu bringen pp. Da ich erst Anfänger in der Blumenzucht bin, so würden Sie mich verbinden, wenn Sie mir ein passendes Werk namhaft machten, um in einem kleinen Garten von ca. 30 Ruten diese Liebhaberei zu betreiben. — In meinem Hause habe ich auf dem Dache ein Treibhaus mit Warmwasserheizung angelegt, doch kommen Cinerarien und Camelien dort schlecht fort ..." (6. 2. 1871). Es folgt eine lange Liste der bestellten Sämereien.

Bald danach plante Monheim, sich vor den Toren der Stadt eine Sommerwohnung zu bauen. Als Bauplatz war ein Acker von fast 4000 qm am Südhang des Königshügels (Muffeter Weg), wenige Minuten vor Königstor vorgesehen — damals noch in freier Landschaft gelegen!

Monheim hatte zu einem der bekanntesten Gärtner jener Zeit, dem Hofgärtner Louis van Houtte in Gent — dem Zentrum des belgischen Gartenbaues — Verbindung aufgenommen und dessen Gartenzeitschrift bezogen. Nun schrieb er 1872 an ihn wegen des Gar-

tens, der an seinem Sommerhaus entstehen sollte: „Hierdurch erlaube ich mir die Anfrage ..., ob Sie mir bei der Anlage eines Obst- und Blumengartens, der nur zu meinem Vergnügen dienen soll, durch Ihre Erfahrungen behülflich sein wollen. — Einliegend finden Sie einen Plan von einem gekauften Stück Ackerland, welches ich mit dem 1. November dieses Jahres antrete. Es hat durchschnittlich drei Fuß guten fetten Gartengrund (1 m) und darunter Mergelboden. Das Stück dacht nach Süden wohl 15 Fuß ab und ist gegen Norden durch eine Hügelreihe geschützt. — Um gutes Wasser reichlich zu haben, muß ich einen Brunnen von 60 Fuß Tiefe graben lassen. — Folgende Fragen möchte ich von Ihnen beantwortet erhalten:

1) Finden Sie es zweckmäßig, daß ich das ganze Stück Ackerland diesen Winter auf 3 Fuß rigolen lasse?
2) Wo lasse ich den Brunnen graben und wie richte ich es ein, das Ganze gehörig begießen zu können?
3) Setze ich die Villa in die Mitte des Gartens, sodaß das Haus ganz frei liegt?
4) Im Westen, Norden und nördlichen Drittel der Ostseite beabsichtige ich, 8 Fuß hohe Mauern zu setzen, um sie mit Obstspalier zu bekleiden.
5) Die Einfassung nach Süden und nach Osten — das restliche $^2/_3$ — denke ich durch eine 2 Fuß hohe Mauer mit 6 Fuß hohem Gitter in Eisen zu bilden, damit dort die Aussicht freibleibt.
6) Ein kleines Treibhaus für Blumen, worunter ein Regensarg anzubringen, glaube ich gegen die Mauer nach Westen der Länge nach anzulehnen ...
7) Da die Villa nach Süden eine Terrasse erhält, so dachte ich unter die Terrasse die Orangerie zu verlegen.
8) Meine Absicht ist, mir einen hübschen Sommeraufenthalt mit englischen Anlagen zu machen, gutes Obst in allen Sorten zu kultivieren, dazu einige Blumen — auch wohl eine Laube auf einem erhöhten Punkte, — und wäre es demnach erwünscht, auch von Ihnen einen Plan zu erhalten nebst den Angaben, wie der ganze Garten mit Wegen, Bäumen, Gras und Blumenbeeten zu arrangieren sein wird ..."
Ein Honorar für den Plan will Monheim gern bezah-

Mächtige Buche vor der „Villa Monheim".

len. Einen ähnlichen Brief richtet er an die Fa. Platz in Erfurt.

Hier zeigt sich beispielhaft, welche Bedeutung man einer Gartenmauer beimaß.* Tiefes Rigolen (Umgraben) wird heute kaum noch angewandt. Ein unterirdisches Sammelbecken für Regenwasser — in Aachen „Regensarg" genannt — besaß wohl jedes Haus. Vor allem verrät der Brief die Freude und den Stolz, Obst aus dem eigenen Garten zu ernten, ein Gefühl, das nicht nur wirtschaftlich bedingt war, sondern allgemein zum Gartenvergnügen gehörte.

In diesem Sinne schrieb Monheim an den Konsul Lade in Geisenheim am Rhein, der in seinem Schlößchen Monrepos eine namhafte Obstbaumzucht betrieb: „Das ganze Jahr hindurch etwas schönes Obst für den Tisch zu haben, dahin geht mein Wunsch.

Den ganzen Garten in einen Obstpark zu verwandeln und die anderen Bäume, die keine Frucht tragen, ganz weglassen, dies möchte mir noch besser gefallen" (5. 11. 1872).

Monheim bestellte bei Konsul Lade eine Menge Obstbäume. Aus dem lothringischen Obstbaugebiet um Metz ließ er 220 Erdbeerpflanzen kommen. Es fällt auf, daß er sich wegen Planung und Ausstattung seines Gartens an die ersten Adressen Mitteleuropas wandte. So können wir annehmen, daß der Monheim'sche Garten ein Paradestück der damaligen Aachener Gartenkultur gewesen ist.[266]

Die „Villa Monheim", auch „Haus Marienhöhe" genannt, wurde 1874 fertig; sie steht heute noch — Muffeter Weg Nr. 3 — als markantes Beispiel der Villenarchitektur jener Gründerzeit, in der man den Renaissance-Stil über alles schätzte. 1913 setzte man vor die Südfront des Hauses einen Wintergarten — also wurde die Villa inzwischen auch im Winter bewohnt! — sowie im Untergeschoß eine „Orangerie"[267], einen fensterreichen, hellen Überwinterungsraum für südländische Gewächse. Ein Teil der Gartenmauer ist ebenfalls erhalten, stellenweise von Efeu überwuchert, und man kann sich vorstellen, wie harmonisch die Mauer den Garten abschloß, ohne ihn einzuengen trotz ihrer Höhe von 2,50 Meter. Der Obstgarten ist untergegangen. Villa und Gartengelände gehören seit 1958 der Technischen Hochschule, die hier Instituts- und Wohnbauten errichtet hat. Aber ein Denkmal des einst so sorgsam geplanten Gartens hat sich erhalten: eine vielstämmige Blutbuche, wie sie kaum ein zweites Mal in Aachen zu finden ist.

---

* Wenn irgend möglich, wurde damals jeder Garten mit einer Mauer abgegrenzt. Sie bot viele Vorteile, denn sie vermittelte das Gefühl der Geborgenheit im Garten, sie bot Schutz gegen Einblick, Wind und Eindringen von Gartenschädlingen, sie war Sonnenfang und ermöglichte die Anlage von Obstspalieren; mit Rosen, Geißblatt oder Clematis berankt, war sie ein Stimmungsträger in der romantischen Zeit.

Abb. Seite 114/115:
Der winterliche Park von Haus Höfchen. — Näheres Seite 105.

Die große Zeit der Parkanlagen am Waldrand

In der „Kaiserzeit" etwa zwischen 1870 und 1914 entstand in Aachen so viel neues Gartengrün wie nie zuvor in einem entsprechenden Zeitraum. Auch das war eine Folge der Industrialisierung, die zwar aus der Kur- und Badestadt einen Ort der rauchenden Schlote gemacht hatte, die aber auch die Not breiter Kreise gebannt und das Lebensniveau der Bevölkerung allgemein gehoben hatte — nicht zuletzt dank der privaten Fürsorge wohlhabender Bürger, die Aachen in verhältnismäßig hoher Zahl aufweisen konnte. Die in den neuen Stadtvierteln entstandenen Hausgärten zeigten in hundertfältiger Abwandlung die landschaftliche Gestaltung, waren also überwiegend Erholungsgärten und nicht mehr Nutzgärten wie in allen Jahrhunderten zuvor. Die öffentlichen Grünanlagen waren so stark vergrößert worden, daß Aachen im Vergleich mit den anderen Städten Deutschlands in der Spitzengruppe lag (Lousberg-Erweiterung, Salvatorberg, Stadtgarten, Botanischer Garten, Zoologischer Garten, Kaiser-Friedrich-Park, Kurgarten). Im Jahr 1907 stellte die Stadt als erste in Rheinland-Westfalen 100 Schrebergärten pachtfrei zur Verfügung, Grundstock der heutigen Kolonie „Eintracht", Breslauer Straße, und eröffnete damit das große Aachener Kleingartenwerk. — Aachen galt als eine reiche Stadt. Im Jahre 1900 hatte es 135.000 Einwohner.

Vor diesem Hintergrund muß man die Entstehung einer Kette von großen privaten Parkanlagen am Rand des Aachener Waldes sehen, wobei zunächst noch das Phänomen „Aachener Wald" zu betrachten ist. Noch bis in die 1860er und 1870er Jahre lenkte der Aachener seine Spaziergänge üblicherweise in das nördliche oder östliche Vorland, also auf den Lousberg, in die Soers, nach Forst, zur Frankenburg, sogar nach Haaren (um dort beim Gärtner Dossing „Maitrank" zu trinken).[268] Das Land südlich der Stadt lockte kaum die Erholungsuchenden, schon gar nicht der große Aachener Wald; mit ihm verbanden sich anscheinend Vorstellungen von Unwegsamkeit, Wildheit, Gefährlichkeit. Dies änderte sich nun. Sicherlich spielten hierbei Wandlungen des Naturgefühls eine Rolle, jedenfalls behinderten neue

Industriereviere und neue reizlose Wohnviertel den Zugang zu den alten Erholungsgebieten — der Aachener begann nicht mehr nach Norden zu spazieren, sondern nach Süden zum Wald! In einer weitblickenden Entscheidung beschloß der Stadtrat am 22. Dezember 1882, den Wald durch Wanderwege zu erschließen und ihn künftig nicht mehr als reinen Wirtschaftswald, sondern bevorzugt für die Erholung der Bevölkerung zu bewirtschaften.

Und die Bürger strömten in den Wald. Wir können das an der großen Zahl der damals entstandenen Waldgaststätten ermessen. Die drei größten Kaffeegärten hatten je 1000 Sitzplätze! Wer nicht zu Fuß gehen wollte, fuhr mit einer der vier Straßenbahnlinien von der Stadtmitte in den Wald hinein.

Hatten die Honoratioren in früheren Zeiten ihre Sommerwohnung meist nördlich der Stadt in der Soers gehabt, so erstrebten jetzt die Unternehmer aus der Industrie das Wohnen im Süden, am Waldrand oder in dessen Nähe. Dort entstand eine Kette von etwa 20 Villen, die von größeren Parkanlagen umgeben waren. — Wir betrachten diese Parks in ihrer Reihenfolge von Westen nach Osten.[269]

Auf dem landschaftlich reizvollen Höhenzug parallel zum Preusweg baute sich Tuchfabrikant Martin Classen ein „Burghaus", ein hochragendes Gebäude nach Art einer Burg, das die Landschaft weithin beherrscht, aber dank geschickter Architektur nicht vergewaltigt. Das war so recht nach dem Empfinden der damaligen Zeit, die für Burgen schwärmte!

Haus Ficht

— so der Name — wurde als eine Bereicherung der Aachener Landschaft allgemein akzeptiert. Ab 1905 wurde das Haus bewohnt. Auf dem über 3 ha großen Grundstück entstand ein mit vielen verschiedenen Gehölzen reich ausgestatteter Park, der sich harmonisch in die Waldpartie des Hügelabhangs verlief. Nach dem Ersten Weltkrieg ging der Besitz auf Emil Brauer über, dessen Betrieb ein Aachener Superlativ werden sollte: die größte Schirmfabrik der Welt. Vor einigen Jahren wurde der an den Preusweg grenzende

Teil des Parks parzelliert und bebaut, wobei die „Wächter" der alten Parkeinfahrt, zwei Mammutbäume und die stattliche Taxushecke erhalten blieben. Der restliche Teil des Parks am Burghaus enthält auch heute noch schönen Baum- und Strauchbestand. Wie bei kaum einem anderen Garten in Aachen kann man hier noch den unveränderten Stil eines Parks der Jahrhundertwende bewundern.

Am Preusweg weiter hinauf (Nr. 92) lag die

Villa Preutz.

Nadelfabrikant Joseph Preutz war der Bauherr des 1905 fertiggestellten Hauses. Das 7200 qm große Grundstück war zunächst parkartig gestaltet, hatte später aber Waldcharakter. Nach dem Tod des letzten Eigentümers, Hans van Gülpen († 1974), wurde das Haus abgerissen und das Gelände durch Straßen erschlossen und dicht bebaut. Einige ansehnliche Kiefern erinnern an den Waldpark.

Zwischen Preusweg und Lütticher Straße erstreckt sich der

„von-Halfern-Park",

heute eine öffentliche Grünfläche, ursprünglich jedoch ein Privatpark, der von zwei Generationen der Familie von Halfern mit Umsicht und Liebe angelegt und entwickelt worden war.[270] — Gustav von Halfern war als Jüngling um 1840 nach Burtscheid gekommen, angezogen von den großen wirtschaftlichen Möglichkeiten der hiesigen Industrie. Bald besaß er eine eigene Tuchfabrik. Gegen Ende seines Arbeitslebens kaufte er das kleine Gut „Groutenhof" am Waldrand, um dort seiner Familie einen Sommeraufenthalt zu schaffen. Diesem Zweck diente zunächst ein Anbau am Kuhstall — später das Schlößchen „Hochgrundhaus", das heute noch an der Lütticher Straße steht. Nach seinem Tod widmete sich sein Sohn Friedrich mit großer Energie dem Ausbau der eigenen Landwirtschaft und seit 1890 der Vergrößerung des bereits vorhandenen Parks bis zum Preusweg. Beraten von Stadtgärtner Grube, pflanzte er Bäume aus aller Welt, so daß ein typischer Landschaftspark des ausgehenden 19. Jahrhunderts entstand: eine Baumsammlung mit vielen Seltenheiten. Heute noch gedeihen hier 81 verschiedene Laubgehölze und 51 verschiedene Nadelgehölze. Prächtige

Die Kletterrose „Gloire de Dijon", in Frankreich gezüchtet von Jacotot 1853, war im alten Aachen eine Standardsorte zum Bekleiden sonniger Gartenmauern. Sie blüht bereits Anfang Juni und duftet stark. Im von-Halfern-Park hat sich ein Stock am Kutscherhaus erhalten. Auch im Vorgarten des Hauses Eupener Straße 12 entdeckt man diese Rose.

Ausblicke wurden geschaffen auf die „Schwesterstädte" Aachen und Burtscheid. Am Haus lagen ein gepflegter Blumengarten, Spielplätze und eine Grottenhöhle. Die umliegenden Wiesen wurden durch Obstbäume bereichert, hinter dem Haus befanden sich Erdbeer- und Gemüsefelder — ein ländliches Paradies. Obergärtner Wienands sorgte fast 25 Jahre lang für Pflege und Entwicklung des Parks. 1925 verkaufte der Erbe von Hochgrundhaus, der nicht in Aachen lebte, den Besitz an die Stadt. So blieben Park, Landwirtschaft und Waldbesitz vor Zerstückelung bewahrt, und der Aachener Bevölkerung steht das Kunstwerk eines inzwischen prachtvoll entwickelten Landschaftsparks zur Verfügung. Zwei Bilder siehe S. 119 u. 121.

An den beiderseits des von-Halfern-Weges gelegenen, ehemaligen Privatwald schloß sich der Besitz der weitverzweigten Familie Honigmann an. Zentrum dieses Besitzes war das Gut Steeg bei Ronheide, dessen Wiesen mit Waldstücken verzahnt waren und zur Anlage von Landschaftsgärten einluden. Um die Jahrhundertwende entstanden hier sechs große Landhäuser in Jugendstilformen, die sich gut in die Landschaft einfügten und von weiten Parkanlagen umgeben waren. Hier ihre Daten:

Haus Königswinkel,

Brüsseler Ring 75, Bauherr: Max Bitter, Inhaber einer Weingroßhandlung. Größe des Parks 2 ha.

Haus am Hügel,

Brüsseler Ring 61, Bauherr: Sanitätsrat Dr. Eugène Beaucamp, weithin bekannter Frauenarzt. Größe des Parks: mehrere Hektar.

Haus Weide,

Brüsseler Ring 33 (benannt wohl nach einer Trauerweide vor dem Haus, dem Modebaum des Jugendstils). Bauherr: Carl Honigmann, Fabrikant.

Haus Waldeck,

Brüsseler Ring 17. Bauherr: Prof. Dr. Georg Marwedel, Chefarzt im Luisenhospital. Größe des Parks: 8500 qm.

Haus am Steeg,

Gut Steg Nr. 9. Bauherr: Eduard Honigmann, Bergwerksdirektor. Größe des Parks: 3 ha nebst weiteren 3 ha Wiesenland.

Haus Friedenau,

Ronheider Berg o. Nr. Besitzer: Fritz Honigmann, Bergwerksbesitzer.

Den Park am Haus Steeg hatte Obergärtner Otto Klenker betreut. Die Anlage stammte aus dem Jahre 1852, 1910—11 wurde sie durch Gartenarchitekt Radde, Aachen, erweitert. Prunkstück war — und ist heute noch — die blaue Atlas-Zeder (Cedrus atlantica) nahe dem Landhaus, gepflanzt 1853; aus ihren Samen wurden die Zedern im von-Halfern-Park und im Eberburg-Park gezogen.

Alle diese Parks sind untergegangen: ein Spiegelbild der dramatischen wirtschaftlichen und sozialen Entwicklungen seit 1918. Zwei der genannten Villen wurden abgerissen, zwei wurden völlig umgebaut für kleine Wohnungen, zwei Villen stehen noch, weil man sie als Miethäuser für zahlreiche Parteien erhal-

ten konnte („Weide" und „Waldeck"). Ein Gewirr von Bungalows und anderen Einfamilienhäusern überzieht heute die einstigen Parkanlagen; einige alte Bäume wurden von den Baggern verschont, so ein ansehnlicher Bestand von Schwarzkiefern am Haus Königswinkel und das Rhododendron-Boskett vor diesem Haus, das zur Blütezeit ein Effekt ist, wie er in dieser Ausdehnung wohl kein zweites Mal in Aachen zu finden ist.

Weiter westlich, jenseits der Bahnlinie, treffen wir am Eberburgweg Nr. 6 das

Landhaus Hammacher.

Carl von Hammacher hat es erbaut und 1915 bezogen. Er war von 1903 bis 1920 Polizeipräsident in Aachen. Der Park bedeckt etwa 2 ha. Haus und Park sind gut erhalten. Seit 1956 hat hier eine Ordensgemeinschaft ihren Sitz.

Auf der anderen Seite begrenzte den Eberburgweg fast in seiner ganzen Länge das Besitztum

Eberburg.

Als einer der ersten hatte sich hier der Engländer Robert W. Grice an den Waldrand gewagt und das Gut „Schneller Wind" mit seinem sandigen Hügelgelände von fast 100 ha zwischen Eberburg- und Höfchensweg erworben, um im nordwestlichen Teil einen englischen Landschaftspark anzulegen und in seiner Mitte eine Sommervilla im Stil der englischen Neugotik zu errichten; dies geschah um das Jahr 1863. (War das ein Leitbild für die Aachener, die in den folgenden Jahrzehnten ihre Sommerwohnung am Waldrand errichteten?) Grice war Direktor der Aachener und der Burtscheider Gasanstalt, die von einer Londoner Firma eingerichtet und betrieben wurden. Nachdem sich Grice im Alter nach Brüssel zurückgezogen hatte, erwarb Robert Delius, Mitinhaber der größten Aachener Tuchfabrik, das Gelände. Er nannte das Sommerhaus „Eberburg", erweiterte den Park auf 10 ha, bereicherte ihn durch wertvolle Pflanzungen und ließ ihn verständnisvoll pflegen. Obergärtner Hermann Knochenmus mit angeblich 20 Gärtnern bewährte sich in dieser Glanzzeit des Parks, die etwa von 1885 bis 1914 währte. Aus einem zeitgenössischen Bericht: „... in dem Sandboden

Der von-Halfern-Park ist reich an seltenen Bäumen. Hier ragt die Kalifornische Flußzeder (Calocedrus decurrens) in die Höhe. — Parkbeschreibung Seite 117

können die seltenen Gehölze nur mit guter Bewässerung gedeihen. So sorgt eine eigene Wasserleitung mit vielen Springstrahlen, Wasserrinnen und Teichen für Feuchtigkeit. Die Neupflanzungen sind recht großzügig und zeugen von dem großen Verständnis des liebenswürdigen Besitzers. Ganze Wäldchen von Atlas-Zedern von 8 m Höhe, noch höhere Douglastannen, viele seltene Einzelbäume, echte Kastanien, Sumpfzypressen und andere boten in Parks sonst selten gesehene Massenwirkungen. Die größte Sehenswürdigkeit aber waren die beiden riesigen Sequoien (Mammutbäume), die als Wahrzeichen dieser köstlichen Anlage alles überragten."[271] Nachdem das Delius'sche Werk in der Weltwirtschaftskrise 1932 untergegangen war, wurde der Park parzelliert. Den größten Teil erwarb Professor Dr. Erich Zurhelle, Frauenarzt am Luisenhospital. Nach dem Zweiten Weltkrieg ging die Parzellierung weiter, zum Glück großzügig, so daß der Parkcharakter gewahrt und etliche prachtvolle Bäume erhalten blieben. Sie stehen heute unter strengen Schutzbestimmungen.
Die nächste große Parkanlage treffen wir im Grindelweg bei

Haus Luttitz.

Hans von Luttitz, aktiver Offizier beim Aachener Infanterieregiment 40, erbaute sich diesen großen Landsitz 1903 auf Gelände seines Gutes Faulenbruch (heute Johannishof). Der große Park hat als Hintergrund den Stadtwald und als Vordergrund die Gutswiesen, in die er mit Baumgruppen ausstrahlt. Haus und Park sind gut erhalten. Heute befindet sich hier ein Priesterhaus des Bistums Aachen.
Wir kommen nun zur Eupener Straße, die den Wald durchquert und schon in früher Zeit die Aachener verlockte, einen Blick in den Wald zu werfen. Dort lag der alte Wachtturm „Linzenshäuschen" und nahebei

Haus Heidchen,

ein Gutshof am Waldrand, von dem man einen herrlichen Fernblick auf die Stadt hatte. Heidchen scheint schon seit der Zeit um 1800 Sommersitz Aachener Familien gewesen zu sein, da Gartenanlagen auf diese Zeit zurückgehen. Die große Zeit für Heidchen begann, als es 1866 von Barthold Suermondt erworben wurde, dem Kunstmäzen, dem die Stadt Aachen das „Suermondt-Museum" verdankte. Anstelle des alten Gutshauses baute Suermondt ein „Schlößchen" als Sommersitz und legte in den Jahren 1870/71 den Park neu an mit vergrößertem Umfang von 13 ha, in Waldpartien übergehend. 1913 besichtigten 100 Mitglieder der Deutschen Dendrologischen Gesellschaft — Parkexperten! — die schönsten Gärten Aachens und des benachbarten Belgiens. Sie besuchten auch Heidchen, das damals Wohnsitz von Fräulein Elsie Suermondt war, der Tochter des inzwischen verstorbenen Barthold Suermondt. In ihrem Bericht schrieb die Gesellschaft über Heidchen: „Eine große lange Allee, an deren Anfang die Besitzerin mit ihrer Gesellschafterin uns erwartete, führt uns auf das freundliche blumige Schloß. Durch einen Torbogen kamen wir auf den Hof und waren entzückt von der freudigen Blütenfülle, die mit saftigen Schlingpflanzen alle Wände überzog. Die Efeupelargonie ‚Rheinland' grüßte in üppigster Pracht von Altan und den Fensterbänken, zur Linken am Gartengitter wetteiferte die Clematis: ‚Ville de Lyon' in voller Blüte, dazu in der Farbe passend. Der ganze Garten war ein Musterbeispiel an peinlichster Pflege und Sauberkeit und uns fiel der Spruch ein:

Gärten sind Visitenkarten,
wer der Herr ist, zeigt der Garten.

Die Besitzerin führte die vielen Herren selbst durch das schöne Besitztum, auf alle merkwürdigen und seltenen Bäume und deren ‚Geschichte' hinweisend. Zuletzt, bei Besichtigung der herrlichen Traubenhäuser, war es ihr ein Herzensbedürfnis, die großen reifen Trauben kosten zu lassen und sie schnitt, in größter Freigebigkeit, eigenhändig große Mengen Wein von den Stöcken, die alle dankbarste Abnehmer fanden. Haus Heidchen war wohl die gartentechnisch feinste und bestangelegte und auch am sorgfältigsten gehaltene Anlage, die wir auf der ganzen Reise sahen."[272] — Obergärtner im Park Heidchen war damals Johann Crützen. — Der letzte Krieg zerstörte das Haus, in verkleinertem, zeitgerechtem Rahmen wurde es wieder aufgebaut, auch der Park wurde den heutigen Pflegemöglichkeiten angepaßt; dennoch meint man angesichts der prachtvollen alten

Alte Araukarie im von-Halfern-Park. Dank des milden Aachener Klimas hat dieser Baum, der aus Chile stammt, hier schon etwa 90 Jahre überdauert. — Parkbeschreibung Seite 117

Bäume die noble Großzügigkeit zu verspüren, die in diesem einstmals „bestangelegten" Park Aachens geherrscht hatte.

Zwischen „Linzenshäuschen" und der Landesgrenze liegt

Haus Hirtzpley

in einem Waldpark. — Um 1885 kaufte Robert Hasenclever, Betriebsleiter, später Generaldirektor der „Chemischen Fabrik Rhenania" zu Aachen das Gütchen Hirtzpley und ließ sich auf dessen Gelände von dem namhaften Architekten Karl Henrici, Professor an der Technischen Hochschule Aachen, ein Sommerhaus bauen. Im Gegensatz zu allen anderen Villen am Waldrand lag es versteckt im Walde, ohne Repräsentationsanspruch, offenbar wurde sein Standort allein von der Romantik einer Wiesensenke bestimmt, die vom Haus zu überblicken war.

Hasenclever erwarb auch ein besonders schönes anschließendes Waldstück von der Stadt Aachen mit altem Baumbestand. Seinen Wald erschloß er mit Wegen. Gleichsam als Ausblick in die Welt entstand auf einer Anhöhe ein Steinhäuschen als Geselligkeitshaus („Osteria del cervo") oder als Kinderspielhaus nebst Boccia- und Turnplatz. Vom zinnengeschmückten Dach des Häuschens war die lebendige Eupener Straße zu beobachten — umgekehrt konnten die Passanten hier zwischen den lichten Bäumen ein scheinbares Befestigungswerk entdecken, also ein Burgen- oder Abenteuermotiv, wie es im 19. Jahrhundert beliebt war. Im Wald entstanden „Denkmäler", z. B. steinerne Putten mit Girlanden und einer Tafel, auf der „Parentibus" stand — „den Eltern gewidmet"; an einer Steinbank im Wald wurde die Bronzeplakette von Robert Hasenclever angebracht. Auch ein Tennisplatz an abseitiger Stelle fehlte nicht. — Haus und Waldpark haben sich bis heute in den Händen derselben Familie erhalten; die Villa ist seit langem, wie alle einstigen Sommerhäuser, für die dauernde Bewohnung eingerichtet.[273] Ein Bild aus dem Waldpark siehe Seite 57.

Am Rand des Burtscheider Waldes (1. Rote-Haag-Weg 64) baute sich der Nadelfabrikant Carl Seyler in den Jahren 1896/97 ein Landhaus für die Sommerzeit: die

Villa Erika.

Wie fast alle Villen aus der Zeit vor 1900 war sie mit einem Turm geschmückt und stellte einen hübschen Akzent in der freien Landschaft dar. Der etwa 10 000 qm umfassende Park war auf dem Gelände einer ehemaligen Steingrube angelegt und nutzte eine vorhandene Schlucht geschickt als gärtnerische Attraktion: ein Weg führte in den Grund der Schlucht hinunter; überquerte das sich dort ansammelnde Wasser mit einem Brückchen und stieg am anderen Abhang steil empor, von Blütensträuchern begleitet. Neben der Einfahrt in den Park stand an der Straße ein Pförtnerhaus, eine Miniatur-Villa im Stil des Haupthauses. Hier wohnte der Gärtner, der zusammen mit zwei Gehilfen den Park sowie den Gemüse- und Obstgarten betreute. Vor der Villa lag ein Springbrunnen, umgeben von einem Steingarten, in dem Alpenrosen gediehen. Hausbaum war eine alte Fichte, die aus früherer Zeit stammte und die Villa überragte. Am Weihnachtsabend ließ man einen stimmbegabten Mann in den Wipfel der Fichte klettern und dort oben Weihnachtslieder singen — unten hörte die Familie andächtig zu.[274] — Nach dem Zweiten Weltkrieg wurde die Villa abgerissen, die romantische Schlucht mit Schutt verfüllt und der Park parzelliert. Erhalten blieben das schmucke Pförtnerhaus und die Taxushecke, die den Park an zwei Seiten in einer Länge von 200 m umgrenzt hatte.

Das letzte Glied der Villenkette gleicht dem ersten Bau, den wir betrachteten: es ist wiederum eine „Burg", das

Haus Hochwaldhausen

am 1. Rote-Haag-Weg. Georg Frentzen, Professor für Baufach an der Technischen Hochschule, baute für sich selbst dieses „Burghaus" auf einem bewaldeten Hügel oberhalb seines Gutes Waldhausen. Frentzen war Erbauer zahlreicher öffentlicher Gebäude, die in ihrer Zeit bewundert wurden, z. B. des Kölner Hauptbahnhofs, der Rathaustürme in Aachen, der Aachener Christuskirche, des Bismarckturms. Die „Frentzenburg" — wie man in Burtscheid sagte — entstand um 1900 als ganzjährig bewohnbares Heim. Der umliegende Wald wurde durch Wege als Waldpark erschlossen. — Die „Burg" steht heute noch, teilweise verdeckt durch die inzwischen hochgewachsenen Kiefern des Waldparks.

Die Parkanlagen am Waldrand waren ein Höhepunkt der hiesigen Gartenentwicklung — aber auch ein Endpunkt. Mit dem Ersten Weltkrieg starb das alte Europa, und in der folgenden Notzeit stand es schlecht für größere private Gärten, viele verwilderten oder wurden parzelliert. Schwere Enttäuschungen brachen herein, nicht nur für die Besitzer, sondern auch für die vielen privaten Angestellten, also auch die Gärtner, die ihre meist sehr geschätzten Stellungen verloren. Der seit Jahrhunderten besonders angesehene Beruf des Herrschaftsgärtners ging fast überall unter. Nach dem Zweiten Weltkrieg brach nochmals ein Vernichtungssturm über die großen Gärten herein als Folge von Besitzwechseln und einer maßlosen Nachfrage nach bestem Bauland. — Dennoch erhielten sich hie und da — auch in Aachen — einige private Parkanlagen dank glücklicher Umstände, vor allem aber dank eines beispielhaften Idealismus von Persönlichkeiten, für die das Zauberwort „Garten" sehr viel bedeutet. Dürfen wir nicht ein wenig stolz auf diese bereichernde Note unserer heutigen Gartenkultur sein?

Der Streifzug durch Altaachener Gärten ist nun beendet. Manche Gärten konnten nicht berücksichtigt werden, denn es sollte ja keine umfassende Gartengeschichte geschrieben, sondern nur ein „Streifzug" unternommen werden. Durch ihn — so hoffen Herausgeber und Verfasser — möge der Leser angeregt werden, nach weiteren Gartenschätzen der Vergangenheit und der Gegenwart Ausschau zu halten. Sicherlich wird er dabei lohnende Entdeckungen machen.

Oh, wer um alle Rosen wüßte,
die rings in stillen Gärten stehn —
oh, wer um alle wüßte, müßte
wie im Rausch durchs Leben gehn.
Christian Morgenstern

Anmerkungen

StAA = Stadtarchiv Aachen
ZAGV = Zeitschrift des Aachener Geschichtsvereins

[1] Kaemmerer, Aachener Pfalz, S. 339
[2] Thacker, S. 81/82 — Hennebo/Hoffmann I, S. 22, 33 ff. — v. Fischer-Benzon, S. 6
[2a] „Karl der Große. Werk und Wirkung. Zehnte Ausstellung unter den Auspizien des Europarates vom 26. Juni bis 19. September 1965" im Aachener Rathaus.
[3] Kaemmerer, Quellentexte, S. 307
[4] Es handelt sich um Bürgermeister Wespien
[5] Hennebo/Hoffmann I, S. 169
[6] Les Bains, S. 110
[7] Lucas, S. 11
[8] v. Fürth, I, S. 175
[9] Vogts, S. 38
[10] Mefferdatis, S. 67
[11] Mefferdatis, S. 36
[12] Pick, S. 180
[13] Weinandts, S. 164
[14] v. Fürth, III, S. 378
[15] Noppius, I, S. 146
[16] Königs, Darstellung der Reichsabtei, S. 514
[17] Faymonville, Bd. II, S. 278
[18] Hochdeutsch: „Jungfernpforte". (Königs, a. a. O., S. 516)
[19] Keller, S. 72. Clifford, S. 230. Gothein II, S. 95. Hennebo/Hoffmann II, S. 46, 105
[20] Königs, a. a. O., S. 523, 531
[21] Gatz, S. 43
[22] Freimuth, S. 21
[23] Klapheck, II, S. 193
[24] Mefferdatis, S. 44
[25] Thacker, S. 176
[26] Eigene Erinnerungen des Verfassers. Klapheck, II, S. 128, 130, 131, 133
[27] v. Loewenigh, S. 114
[28] J. W. v. Goethe, Dichtung und Wahrheit, 6. Buch
[29] Crumbach, S. 43-49
[30] Beschrieben und abgebildet bei Küpper, S. 106/107
[31] v. Loewenigh, S. 115 ff.
[32] Kortum, Medicinische Abhandlung, S. 16. Kortum, Mineralquellen, S. 16
[33] Küpper, S. 114/115
[34] Königs, Burtscheid, S. 180
[35] Crumbach, S. 71/72
[36] Schnock, Nr. 58
[37] Küpper, S. 108, 123 (hier auch Konstruktionszeichnung)
Der Pavillon ist auf mehreren Bildern von Burtscheid zu erkennen, besonders gut auf einer Zeichnung von L. F. Cassas, betitelt „Ansicht der Burtscheider Kirchen und der Schützenstange"; um 1776 (Museum Burg Frankenberg BK 1455), abgebildet in Aachener Kunstblätter 50, S. 218. Man sieht dort die zweistöckige Rückseite des Pavillons mit üppig gegliedertem Mansarddach.
[38] Kuetgens
[39] Rhoen, Burtscheid, S. 27
[40] v. Fürth, III, S. 379
[41] v. Fürth, III, S. 388
[42] Liese, I, S. 35, 122
[43] A. Pauls, S. 511
[44] Oppenhoff, S. 140
[45] Crumbach S. 71/72; Liese I. S. 120
[46] v. Funck
Mit dem Garten in der Bendstraße und dem dortigen Pavillon übernahm die Familie Püngeler auch einen Spieltisch der ehemaligen Burtscheider Spielbank mit den Markierungen, die für das Glücksspiel erforderlich waren. Der Tisch hat bis zum letzten Krieg im Haus Paffenbroich gestanden (lt. Frau Gisela Räßler, geb. Püngeler, 1983). Dies spricht dafür, daß der Spielbetrieb in dem kleinen Gartenpavillon stattgefunden hatte.
[47] Ahn, S. 129
[48] Buchkremer, S. 92
[49] Quix, Hl. Kreuz, S. 4

[50] Mummenhoff, S. 304
[51] Arens/Janssen, S. 136
[52] Poissenot, S. 122
[53] Salm, S. 61
[54] Buchkremer, S. 90
[55] Haagen, S. 51. Rhoen, Adelige Höfe, S. 11
[56] StAA, Plan Q 5
[57] Liese, II S. 22, 31
[58] v. Reumont, S. 31
[59] Quix, Waisenhaus
[60] Macco, Kalkofen; das Wespienhaus wurde im 2. Weltkrieg zerstört, ein Teil seiner Fassade konnte gerettet werden und ist an der Außenwand der Turnhalle des Kaiser-Karls-Gymnasiums an der Kockerellstraße eingebaut.
[61] Poissenot, S. 274 (Übersetzung)
[62] Franz I. von Österreich, Tagebuchblatt 65
[63] Gothein II S. 365
[64] Rhoen, Couven, S. 7
[65] Küpper, S. 100—104
[66] Arnold, S. 85; Königs, Bericht S. 72-74; Schoenen, S. 151
[67] Crous
[68] Originalfoto im StAA
[69] Hennebo—Hoffmann III, S. 29
[70] Gothein II, S. 365
[71] Everling, S. 15, 101, 156
[72] zitiert nach Arens, Kurgäste, S. 76: „La plus jolie (maison) à mon goût est celle du Sieur de l'Albalêtre, dont le petit jardin proprement entretenu renferme trois ou quatre petit vuides bouteilles agréables et charmans, qui font trouver le vin délicieux et frais au sortir de la fontaine qui coule au milieu de ce petit Paradis terrestre."
[73] de Limbourg, nach S. 28
[74] v. Fürth, I, S. 175 (Angabe für 1786)
[75] Quix, Kapuziner-Kloster
[76] v. Pöllnitz, S. 242
[77] de Limbourg, S. 29 ff.
[78] StAA, Plan III A. 1 (1809)
[79] Quix, Beschreibung Aachen, S. 85
[80] Mefferdatis
[81] Fritz, Baugeschichte, S. 27
[82] Neu
[83] Neu, S. 70 nebst Abb.
[84] StAA, Plan E 6 d.
[85] Winands
[86] Neu, S. 72
[87] Wochenblatt, Jg. 1837, S. 489
[88] Faymonville II, S. 121; Quix, Spital des hl. Jacob S. 12-27; Kupferstich von Joh. Frank in den städt. Sammlungen BK 1737.
[89] Quix, Beschreibung Aachen S. 59. StAA Plan 1820
[90] Nowak — Nordheim S. 20, 94. Hennebo I, S. 32
[91] Hennebo I, S. 31
[92] „Kleinere Gärten zeigten noch das Wegekreuz des alten Bauerngartens" (Arnold, Das Altaachener Wohnhaus, S. 195); v. Fischer-Benzon, S. 1.
[93] Faymonville II S. 119, dort Abbildung eines der beiden Ölbilder (1861)
[94] Hinkens S. 20; Festschrift St. Leonhard 1926
[95] Kreusch, S. 47
[96] Greving, S. 47
[97] StAA, Plan F 81 a (Kopie; Original in Bibliotheque Nationale Paris)
[98] v. Fürth, I, S. 175
[99] Rhoen, Couven, S. 15; Pick, S. 55/56
[100] Quix, Beschreibung Aachen S. 57; Pick, S. 52
[101] Noppius, I, S. 112
[102] Arnold, S. 130
[103] Quix, Beschreibung Aachen, S. 55
[104] v. Coels, Schöffen, S. 138
[105] v. Fürth, I, S. 174
[106] Stadt Aachener Zeitung 8. 1. 1806
[107] Dresemann, S. 20
[108] v. Fürth, III, S. 52, S. 316, S. 260
[109] StAA, Bildmappe „Markt"
[110] Lersch, S. 105
[111] Schreiber, S. 277
[112] v. Fürth, III, S. 164
[113] Macco, Pastor, S. 159

114 Die Pflanzennamen sind teilweise erklärt in: Jos. Müller, Rheinisches Wörter-
buch, Bonn/Berlin 1928-1971.
115 Liese I, S. 32
116 Hirschfeld II, S. 73
117 Hennebo — Hoffmann III, S. 124
118 Goethe, Faust I, Vers 3456
119 „Consult the genius of the place in all" — „Befrage in allem den Geist des
Ortes" verlangte Alexander Pope, einer der Väter der englischen Landschafts-
garten-Bewegung (1688-1744).
120 Liese I, S. 28 u. folgende; Echo der Gegenwart, Aachen 1906, Nr. 121
121 Weibezahn, S. 77, 78
122 Liese I, S. 44
123 Hirschfeld IV, S. 84
124 Poissenot, S. 272, übersetzt
125 Liese I, Abb. vor S. 41
126 Thacker, S. 200
127 Hirschfeld I, S. 212
128 Liese I, S. 170
129 Hennebo — Hoffmann III, S. 103
130 Franz I. von Österreich, Tagebuchblatt 97
131 AAV, XIX, S. 181
132 Echo der Gegenwart (Aachen) Nr. 194 v. 20. 8. 1910
133 Benrath, 1860, S. 79
134 Lersch, 1878, S. 120
135 Heusch, S. 121
136 Königs (Profane Denkmäler), S. 99
137 Dorsch, S. 221/222
138 Dorsch, S. 222 ff.
139 Dorsch, S. 183
140 Dorsch, S. 225
141 Dorsch, S. 227
142 Dorsch, S. 206
143 Dorsch, S. 205
144 Dorsch, S. 188/189
145 Dorsch, S. 228/229
146 Dorsch, S. 229
147 Dorsch, S. 217
148 Dorsch, S. 210
149 Wochenblatt 1837, S. 479
150 StAA Ratssuplik vom 18. 2. 1712, fol. 40
151 Poissenot, S. 77
152 Pauls, Geschichte des Archivs, S. 77
153 Arens, Kurgäste
154 Recueil des actes de la préfecture du Département de la Roër, an XIII, S. 69
155 Janssen, Festschrift Kesselkaul. — E. Arnold (Altaachener Wohnhaus S. 196)
und weitere Autoren sagen, Haus und Garten habe dem Tuchfabrikanten van
Houtem gehört; hierfür läßt sich kein Nachweis finden.
156 StAA, Stadtplan 1820
157 StAA, Notar Daniels, 24. 5. 1825, Nr. 3678
158 Wochenblatt 1837, S. 479
159 Nach Stadtplan von v. Rappard (1860)
160 Adreßbücher
161 Katasterverwaltung Aachen, erstmalige Eintragung des Hauses im Kartenaus-
zug vom 12. 1. 1899
162 Aachener Nachrichten Nr. 95 vom 25. 4. 1953
163 Jakob Sommer befaßte sich in ZAGV 1966/67, S. 382 mit dem Verlauf des
Dammes, den Graf Wilhelm von Holland im Jahre 1248 während der Belagerung
Aachens anschütten ließ, um die Aachener Bäche zu stauen und damit eine
Überschwemmungs-Katastrophe einzuleiten; die Stadt kapitulierte daraufhin.
— Das „Landhaus" soll genau auf einem stehengebliebenen Horst des Dammes
gebaut worden sein.
164 Freundliche Mitteilung von Herrn Oberbaurat Königs
165 Quix, Die königliche Kapelle, S. 35
166 Meyer 1781, S. 757
167 StAA Ratsprotokolle/Bürgerrechts-Verleihungen Akt 1775, Blatt 35
168 v. Coels, Familiengeschichte, StAA, Hs 1039 III
169 Liese I, 128; Königs, Baudenkmäler, S. 78
170 Herr Oswald M. Brixius († 1986) gab anhand seiner Familienchronik freund-
lichst Auskünfte über die Familie Robens.
171 StAA Flurbuch 55 und Flurkarte des Aachener Reichs 1760-1774
172 Aachen Zeitung 10. 6. 1780
173 Poissenot, S. 270, übersetzt
174 13 Morgen — hier dürfte das Aachener Landmaß gemeint sein, umgerechnet
ergeben sich etwa 40 000 qm = 4 Hektar.
175 L. Meyer, S. 43
176 Quix, Aachen u. Umgebung, 1818, S. 74
177 v. Bilderbeck, S. 49
178 Aix-la-Chapelle, S. 47
179 Schmitz-Cliever, Die Militärhospitäler Aachens ..., in ZAGV Bd. 70 (1958),
S. 165
180 v. Haupt, S. 435
181 Huhn, S. 21
182 Zeitschrift Öcher Platt, 1930, S. 34
183 Wochenblatt I Nr. 20 vom 7. 9. 1836
184 Rheinisch-Westfälisches Personenstandsarchiv, Rheinland, Brühl
185 Pauls, Archiv, S. 77
186 StAA, Karte des Aachener Reichs 1760-1774
187 StAA, Einwohnerverzeichnis 1812
188 De Ladoucette, S. 27
189 Quix, Königl. Kapelle, S. 7
190 Keller, S. 113; Hennebo/Hoffmann III, S. 26; Clifford, S. 300; Gothein II,
S. 376
191 Liste des Etrangers venus à Aix-la-Chapelle et Borcette pendant la saison des
eaux. Aachen 1818, S. 191
192 StAA, Notar Gerhard Schümmer Nr. 443 vom 18. 9. 1831
193 Janssen, S. 22
194 StAA, Verzeichnis aller Nachkommen der Eheleute Karl Drouven/Elisabeth
Quadflieg in Düren. Zum Familientag 1960
195 StAA, Notar Jacob Schümmer Nr. 4219 vom 28. 5. 1845
196 StAA, Notar Jacob Schümmer Nr. 8564 vom 9. 2. 1854
197 StAA, Notar Jacob Schümmer Nr. 11244 vom 20. 11. 1861
198 StAA, Notar Jacob Schümmer Nr. 12244 vom 8. 10. 1864
199 Mitteilungen DDG, S. 30 — Josef C. Weyhe war ein Sohn des Maximilian
Fr. Weyhe, der den Plan für die Lousberganlagen geliefert hatte.
200 StAA, Bestand Regierung Aachen GH 4/101
201 StAA, Schützenbruderschaft Soers, Festschrift 1974, S. 19
202 Die folgenden Angaben verdanken wir Herrn Gartenarchitekt Alfred Klenker,
der als Sohn von Obergärtner Otto Klenker einen Teil seiner Jugendzeit auf
der Müsch verbracht hat.
203 Ölbild im Besitz des Klosters St. Raphael.
204 Flora oder Botanische Zeitung, Regensburg, Nr. 9 vom 7. 3. 1822, S. 130
205 Rheinische Flora, Blätter für Kunst, Leben, Wissen und Verkehr, Aachen 2.
Jg. 1826, Nr. 173 vom 5. 11. 1826
206 Franz I. von Österreich, Tagebuchblätter 153/154
207 Stadt-Aachener Zeitung vom 1. 5. 1831
208 De Bouge, S. 14
209 Meyer, Monarchenkongreß, S. 39
210 Franz, S. 317
210a Mosbauer, S. 54
211 Verzeichnis von ... Pflanzen welche zu haben sind bey August Schelhase, Han-
dels-Gärtner vor Cassel. 1808 (Standort: Bücherei des Deutschen Gartenbaues,
Berlin)
212 Verzeichnis der Bäume und Sträucher, die in der Baumschule zu Napoleonshö-
he verkauft werden. Cassel 1811 (Standort: Hess. Landesbibliothek Kassel).
213 Allinger, S. 10/11
214 Mefferdatis, 34
215 StAA, RKG W 4186 Bd II Bl 74
216 Aachener Intelligenz-Blatt 12. 9. 1818 (Liste von städt. Immobilien)
217 29. Liste des Etrangers, du 10. au 13. octobre 1818. „Bei Herrn W. Asselborn
in der Kleinmarschierstraße Nr. 1195 findet man eine schöne Kollektion von
exotischen Pflanzen, von Stauden, Blumenzwiebeln, Blumen und Sämereien".
218 StAA, Krämersche Registratur I — 13d, Quartierliste 1818 — Offenbar handelt
es sich um den berühmten Maler Sir Thomas Lawrence, der nach Aachen gekommen war, um während des Monarchenkongresses hochgestellte Persönlichkeiten zu portraitieren.
219 Stadt Aachener Zeitung 7. 5. 1806. — Die Aachener Mark hatte sehr geringen
Wert!
220 Franz I. von Österreich, Tagebuchblätter 75/76
221 StAA, Oberbürgermeisterei — Registratur 67.3
222 Lobe, S. 225
223 Camus, S. 116
224 Liese I, S. 87/88
225 Aachen u. s. Umgebungen 1850, S. 9
226 Benrath (1865), S. 65

227 Freundliche Mitteilung von Frau Anneliese Boelling, geb. Büscher
228 Dünnwald, S. 162
229 Benrath (1865), S. 65
230 75 Jahre Staatliches Einhard-Gymnasium (ehem. Kaiser-Wilhelms-Gymnasium) Aachen 1886-1961, S. 12
231 Der Gymnasiums-Bau beherbergt heute die Kaufmännischen Schulen II der Stadt Aachen.
232 Vergl. S. 33.
233 Angaben aus dem Archiv der Familie von Fisenne; für freundliche Auskünfte ist Herrn Günther Sittel, Neuss, herzlich zu danken.
234 Quix 1829, Königl. Kapelle, S. 2
235 Quix [um 1834], S. 94
236 Aachen u. s. Umgebungen 1864, S. 42
237 Freundliche Mitteilung von Herrn Architekt Hans Küpper.
238 Benrath 1860, S. 83
239 v. Orsbach, S. 80
240 Meyer, Monarchenkongreß, 76/77; Stadt Aachener Zeitung 17. 11. 1818
241 ZAGV Bd. 70, S. 82; Arens/Janssen 1937, S. 164
242 Heimatblätter des Landkreises Aachen, 1937, Heft 2
243 Wochenblatt 1838, Nr. 7
244 Arnold, S. 78, 132
245 Aachen u. s. Umgebungen 1850, S. 9
246 Adreßbücher
247 Benrath 1860, S. 80
248 Lersch 1862, S. 120
249 Lersch 1878, S. 121
250 Königs 1953, S. 100
251 StAA, Plan K 12
252 v. Orsbach, 51 (Hortologen = Gartenkundige, Pomologen = Obstsachverständige, Blumisten = Blumenfachleute)
253 Aachener Zeitung, 15. 5. 1832
254 Wochenblatt 1837, Nr. 91 vom 26. 8. 1837
255 Aachener Zeitung, 4. 12. 1832; 80 à 200 Ruten = 1100 bis 1800 qm.
256 Öffentlicher Anzeiger des Regierungsbezirks Aachen Nr. 38 vom 20. 9. 1827, S. 334
257 Mitteilungen DDG, S. 34
258 Monheim, S. 139
259 Im Rappard'schen Plan dargestellt. Besitzer war Tuchfabrikant Friedrich Springsfeld. Der Garten lag zwischen Kirberichshofer Weg und Viktoriastraße am Beverbach und war um 1851 im Umkreis eines alten Mühlenteichs angelegt worden (Plansammlung StAA). Heute ist nichts mehr davon zu sehen, der Beverbach fließt unterirdisch.
260 Aufzeichnungen Kraemer 1837
261 heute „Familienbildungsstätte"
262 Gärtner Arnold Liesens besorgte den französischen Garten aufs beste — Freundliche Mitteilungen von Frau Anneliese Boelling, Ehefrau des Enkels von Gottfried und Laurencine Pastor.
263 Geschichte Aachens in Daten
264 Quix 1829 (Stadt Aachen), S. 195
265 Geelen, S. 65
266 Das Material für dieses Kapitel verdanken wir Herrn Prof. Dr. Felix Monheim († 1983), der zur Förderung dieser Schrift das Familien-Archiv Monheim in freundlichster Weise durchgesehen hatte.
267 Dauber, 89
268 Aix-la-Chapelle, S. 48: „maitrank, c'est une infusion des plantes aromatiques printaniéres dans du vin sucré".
269 Dauber; „Hild-Kartei"; Adreßbücher
270 Material Hochgrundhaus
271 Mitteilungen DDG, S. 36
272 Mitteilungen DDG, S. 32
273 Freundliche Mitteilungen von Frau Dr. Brigitte Hantelmann
274 Freundliche Mitteilungen von Frau Hilla Molineus, Enkelin von C. Seyler

Literaturverzeichnis

StAA = Stadtarchiv Aachen
ZAGV = Zeitschrift des Aachener Geschichtsvereins

Aachen und seine Umgebungen. Führer für Fremde. Hrg. v. Verein z. Belebung d. Badesaison. Aachen [um 1850].

Aachen und seine Umgebungen. Ein Führer für Fremde und Einheimische. Darmstadt 1864.

AAV = Aus Aachens Vorzeit. Mitteilungen des Vereins für Kunde der Aachener Vorzeit. Jg 1-20. Aachen 1888—1907.

Adreßbücher von Aachen und Burtscheid ab 1838

F. Ahn, Jahrbuch für den Regierungsbezirk Aachen auf das Schalt-Jahr 1824. Aachen 1823.

Aix-la-Chapelle, Borcette et Spa. Manuel à l'usage des Baigneurs. Aix-la-Chapelle et Leipsic 1834

G. Allinger, Das Hohelied von Gartenkunst und Gartenbau. Berlin/Hamburg 1963.

E. Arens, Kurgäste in Bad Aachen 1756—1818. Aachen 1926.

Arens/Janssen, Geschichte des Club Aachener Casino, Aachen, 1937

E. Ph. Arnold, Das Altaachener Wohnhaus. Aachen 1930. (Aachener Beiträge für Baugeschichte und Heimatkunst; 2)

Aufzeichnungen des Archivars Kraemer 1814—1861. StAA, Hs. 371.

Les Bains d'Aix ou les Amours secrètes des Dames qui vont prendre les Eaux à Aix-la-Chapelle. La Haye, 1704

H. Benrath, Aachen, Burtscheid und ihre Umgebung. Aachen 1860.

H. Benrath, Aachen und Burtscheid, Handbuch für Kurgäste und Führer für Fremde. Aachen 1865.

L. von Bilderbeck, Wegweiser für Fremde in Aachen, Burtscheid und ihren Umgebungen … Aachen 1825.

J. B. de Bouge, Guide des Etrangers ou Itinéraire de la ville d'Aix-la-Chapelle et de Borcette. Bruxelles 1806.

J. Buchkremer, Abbruch der Häuser des Josephinischen Instituts und des Waisenhauses in der Pontstrasse. In: AAV Jg. 8, 1895, S. 90 ff.

D. Clifford, Geschichte der Gartenkunst. München 1981. (Deutsche Übersetzung von „A. History of Garden Design", London 1966).

A. G. Camus, Reise in die Departemente des ehemaligen Belgiens und des linken Rheinufers … Ins Deutsche übersetzt von A. Ch. Borheck. Köln 1803.

L. von Coels von der Brügghen, Die Schöffen des Königlichen Stuhls von Aachen … Jn: ZAGV 50, 1929, S. 1 ff.

L. von Coels von der Brügghen, Familiengeschichte III. van Houtem [um 1950]. StAA Hs 1039 III.

H. A. Crous, Erklärung für freies Polen im Hotel Nuellens verfaßt. In: Aachener Volkszeitung 27. 7. 1978.

J. Crumbach, Die Bauten an der Hauptstraße in Burtscheid. (Ungedr. Vorarbeit zu einer Diss., um 1914). StAA Hs. 999

R. Dauber, Aachener Villenarchitektur. Recklinghausen 1985.

A. J. Dorsch, Statistique du Département de la Roer. Cologne 1804.

O. Dresemann, Die Jakobskirche zu Aachen. Aachen 1888.

R. Dünnwald, Aachener Architektur im 19. Jahrhundert. Friedrich Ark, Stadtbaumeister 1839—1876. Aachen 1974 (Aachener Beiträge für Baugeschichte und Heimatkunst, 6).

J. Everling, Klassizismus in Aachen, Aachen 1973. (Neudruck der Dissertation 1923).

K. Faymonville, Die Kunstdenkmäler der Stadt Aachen: 2. Die Kirchen der Stadt Aachen …, Aachen 1922; 3. Die profanen Denkmäler …, Aachen 1924 (Die Kunstdenkmäler der Rheinprovinz; 10, 2 u 3)

R. v. Fischer-Benzon, Altdeutsche Gartenflora. Kiel und Leipzig 1894, Neudruck 1972.

Franz I, Kaiser von Österreich, Tagebuch der Reise nach Aachen vom 10. 9. bis 3. 12. 1818. Haus-, Hof- und Staatsarchiv Wien, ho. Familienarchiv, Hofreisen, Kart. 39.

G. Franz (Hrsg.), Geschichte des deutschen Gartenbaues, Stuttgart 1984.

H. Freimuth, Das Wohlthätigkeitswesen der Städte Aachen und Burtscheid. Aachen 1882.

A. Fritz, Zur Baugeschichte des Aachener Stadttheaters. In: ZAGV 22, 1900, S. 9 ff.

H. A. von Fürth, Beiträge und Material zur Geschichte der Aachener Patrizier-Familien, Bd. I-III, Aachen 1882—1890. (In Band III befinden sich die Aufzeichnungen des Johannes Janssen).

G. von Funck, Geschichte der Familie Püngeler. Aachen 1939.

E. Gatz, Zur Geschichte des Marien-Hospitals in Burtscheid. In: ZAGV 79, 1968, S. 33 ff.

W. Geelen, Beitrag zur Geschichte der Aachener Heide. In: AAV 15, 1902, S. 65 ff.

Geschichte Aachens in Daten. Hrsg. von B. Poll. 2. A. Aachen 1965.

M. L. Gothein, Geschichte der Gartenkunst. 2 Bde, Jena 1926. Neudruck Hildesheim/New York 1977.

J. Greving, Geschichte des Klosters der Windesheimer Chorherren zu Aachen. In ZAGV 13, 1891, S, 1 ff.

F. Haagen, Historische Topographie Aachens. In: ZAGV 1, 1879, S. 31 ff.

Th. von Haupt, Skizzen. Düsseldorf 1819.

D. Hennebo — A. Hoffmann, Geschichte der deutschen Gartenkunst. 3 Bde, Hamburg 1963.

A. Heusch, Geschichte der Familie Heusch, Aachen 1909.

„Hild-Kartei": vom Landschaftsverband Rheinland, Köln, erfaßte Parkanlagen unter dendrologischen Gesichtspunkten 1967/68.

Th. Hinkens, Das Leonhardskloster zu Aachen im Wandel der Zeiten. Aachen 1910.

C. C. L. Hirschfeld, Theorie der Gartenkunst, Bd. 1—5, Leipzig 1779—1785. Nachdruck Hildesheim 1985.

E. Huhn, Der Regierungsbezirk Aachen. Neustadt a. d. O. 1848.

W. Janssen, Geschichte der Firma „J. H. Kesselkaul, Enkel"... 1815—1940. Aachen 1940.

W. Kaemmerer, Die Aachener Pfalz Karls des Großen in Anlage und Überlieferung. In: Karl der Große, Lebenswerk und Nachleben, 1, Düsseldorf 1965, S. 322 ff.

W. Kaemmerer, Aachener Quellentexte. Aachen 1980. (Veröffentlichungen des Stadtarchivs Aachen Bd. 1)

H. Keller, Kleine Geschichte der Gartenkunst. Berlin, Hamburg 1976.

R. Klapheck, Die Baukunst am Nieder-Rhein. 2 Bde, Düsseldorf 1916—19.

H. Königs, Bericht über die Kriegsschäden und Aufbauarbeiten an den profanen Denkmälern in Aachen. In: Jahrbuch der Rheinischen Denkmalpflege, 25, Kevelaer 1965, S. 67 ff.

H. Königs, Burtscheid, die „Unbekannte Landschaft" des Lukas van Valckenborch. In: Aachener Kunstblätter 29, Aachen 1964, S. 178 ff.

H. Königs, Das Schicksal der profanen Baudenkmäler. In: Das alte Aachen, seine Zerstörung und sein Wiederaufbau, Aachen 1953, S. 61 ff.

H. Königs, Eine unbekannte Darstellung der Reichsabtei Burtscheid aus dem Jahre 1754. In: ZAGV 84/85, Teil II 1977/78, S. 499 ff.

C. G. Th. Kortum, Vollständige physikalisch-medizinische Abhandlung über die warmen Mineralquellen und Bäder in Aachen und Burdscheid. Dortmund 1798.

C. G. Th. Kortum, Die warmen Mineralquellen und Bäder in Aachen und Burdscheid. Dortmund 1811.

F. Kreusch, Die katholischen Kirchen. In: Das alte Aachen, seine Zerstörung und sein Wiederaufbau. Aachen 1953, S. 9 ff.

H. Küpper, Aachener Schmiedeeisen vom Mittelalter bis zum Jahre 1812. In: Aachener Kunstblätter 27, Aachen 1963, S. 23 ff.

F. Kuetgens, Ein großes Weihnachtsgeschenk für das Suermondt-Museum. In: Politisches Tageblatt, Aachen, 24. 1. 1931.

[J. Ch. Fr. Baron de Ladoucette], Voyage fait en 1813 et 1814 dans le pays entre Meuse et Rhin ..., Paris/Aachen 1818.

B. M. Lersch, Monographische Skizze der Burtscheider Bäder; In: Die Burtscheider Thermen bei Aachen. Aachen 1862.

B. M. Lersch, Neuester Führer in und um Aachen ... 2. A., Aachen [1878].

J. Liese, Das klassische Aachen, 1, Aachen 1936, 2, Aachen 1939 (Aachener Beiträge zur Heimatkunde 17 u. 20).

J. P. de Limbourg, Les Amusemens de Spa. II. Amsterdam 1783.

G. A. Lobe, Wanderungen durch Cassel. Cassel 1837.

H. Loersch, Aachener Chronik ... In: Annalen des historischen Vereins f. d. Niederrhein 17, 1866, S. 1 ff.

B. von Loeweningh, Kaleidoskop oder Vermischte Gedichte. Aachen und Leipzig 1841.

M. D. Lucas, Essai sur les eaux minérales et thermales d'Aix-la-Chapelle et de Borset. [o. O.] 1762.

H. F. Macco, Geschichte und Genealogie der Familie Pastor. Aachen, 1905 (Beiträge zu Genealogie rheinischer Adels- und Patrizierfamilien; 4).

H. F. Macco, Schloß Kalkofen und seine Besitzer. In: ZAGV 26, 1904, S. 133

Material zur Geschichte des Gutes Hochgrundhaus ... StAA, Hs. o. Nr.

L. Mefferdatis, Architektura, Aachen 1720 ff. StAA, Hs. 30

K. F. Meyer, Aachen, der Monarchen-Kongreß im Jahr 1818. Aachen 1819.

K. F. Meyer, Aachensche Geschichten ... Aachen, 1781.

L. Meyer, Aachen und seine Umgebungen. Essen 1818

Mitteilungen der Deutschen Dendrologischen Gesellschaft. 1913

H. Mosbauer, Die Staudenverwendung im deutschen Garten des 19. Jahrhunderts ... Diss. München 1972.

W. Mummenhoff, Die Bürgerrechtsverleihungen in der Reichsstadt Aachen während der Jahre 1656 bis 1794 (1797). In: ZAGV 68, 1956, S. 191 ff.

J. P. J. Monheim. Die Heilquellen von Aachen, Burtscheid, Spaa, Malmedy und Heilstein ..., Aachen und Leipzig, 1829.

F. Neu, Zur Geschichte des Franziskanerklosters, der Kirche und Pfarre zum hl. Nikolaus in Aachen. Aachen 1881.

J. Noppius, Aacher Chronick. Köln 1632.

W. Nowak-Nordheim, Freude am Bauerngarten. München 1982

J. Oppenhoff, Die Spielbank in Aachen und Umgebung. In: ZAGV 55, 1935, S. 120 ff.

Cl. von Orsbach, Skizzen aus dem Aachener Badeleben von 1851. Aachen 1852.

A. Pauls, Geschichte der Aachener Freimaurerei. Bd. 1. Clausthal-Zellerfeld 1928.

E. Pauls, Zu Geschichte des Archivs des Roerdepartements in Aachen. In: ZAGV 19, II, 1897, S. 72 ff.

R. Pick, Aus Aachens Vergangenheit. Aachen 1895.

[K. L. von Pöllnitz], Amusemens des eaux d'Aix-la-Chapelle. Bd. I-III, Amsterdam 1736. — Deutsche Übersetzung: Zeit-Vertreib bey den Wassern zu Aachen. Berlin 1737.

J. B. Poissenot, Coup-d'oeil historique et statistique sur la ville d'Aix-la-Chapelle et ses environs. Aix-la-Chapelle 1808.

Chr. Quix, Aachen und dessen Umgebungen. Frankfurt 1818.

Chr. Quix, Aachen und seine Umgebung für Fremde und Einheimische. Ein Wegweiser von Chr. Quix. Aachen [um 1834].

Chr. Quix, Beiträge zur Geschichte der Stadt Aachen und ihrer Umgebungen. II. Aachen 1838.

Chr. Quix, Historisch-topographische Beschreibung der Stadt Aachen und ihrer Umgebungen. Köln u. Aachen 1829.

Chr. Quix, Die königliche Kapelle und das ehem. adelige Nonnenkloster auf dem Salvators-Berge. Aachen 1829.

Chr. Quix, Das ehemalige Kapuziner-Kloster. In Wochenblatt für Aachen und Umgebung. Jg. II, Nr. 96 vom 7. 9. 1837.

Chr. Quix, Die Pfarre zum hl. Kreuz und die ehemalige Kanonie der Kreuzherren in Aachen. Aachen 1829.

Chr. Quix, Das ehem. Waisenhaus in Aachen. In: Wochenblatt, Jg. 1837, Nr. 103.

Chr. Quix, Das ehemalige Spital zum hl. Jacob, nachher Klarissen-Kloster, das Sepulchrinen-Kloster zu St. Leonhard, und die Kanonie zum hl. Kreuz in der Grafschaft Daelheim. Aachen 1836.

F. von Rappard, Plan der Stadt Aachen nebst Burtscheid, [Ausgabe 1860] Neudruck.

A. von Reumont, König Gustav III. von Schweden in Aachen in den Jahren 1780 und 1791. In: ZAGV 2, 1880, S. 1 ff.

C. Rhoen, Die adeligen Höfe und Patrizierhäuser in Aachen. o. O., o. D. Sonderdruck aus Aachener Zeitung 1889. Nr. 225, 226, 228, 240.

C. Rhoen, Etwas über Burtscheid. Aachen [1894].

C. Rhoen, Die Stadtbaumeister J. J. Couven, Vater und Sohn. Aachen 1885.

Salm, Historische Darstellung des Armenwesens der Stadt Aachen ... Aachen 1870.

H. Schnock, Zur Topographie des Dorfes und der Herrlichkeit Burtscheid. In: Echo der Gegenwart, Aachen 1921 Nr. 40—62.

P. Schoenen, Johann Joseph Couven. Düsseldorf 1964.

A. Schreiber, Handbuch für Reisende am Rhein ... 3. Aufl. Heidelberg [um 1828].

Ch. Thacker, Die Geschichte der Gärten. Zürich 1979. (Deutsche Übersetzung von The History of Gardens, London, 1979)

H. Vogts, Das Bürgerhaus in der Rheinprovinz. Düsseldorf 1928.

I. Weibezahn, Geschichte und Funktion des Monopteros. Hildesheim/New York 1975.

J. A. Weinandts, Auszüge aus der Chronik des Aachener Notars Johann Adam Weinands, hrsg. von E. Pauls. In: ZAGV, 16, 1894, S. 163 ff.

F. J. Winands, Vollständige Vergleichungstafeln ..., Aachen 1802.

Wochenblatt für Aachen und Umgebung. Jg. 1—3. Aachen 1836—1838.

Zeitschrift des Aachener Geschichtsvereins, Aachen, ab 1879.

Register der Personen und Gärten.